Wilfred Obwocha
George Ayodo

Utilização de informações de saúde

Wilfred Obwocha
George Ayodo

Utilização de informações de saúde

ScienciaScripts

Imprint
Any brand names and product names mentioned in this book are subject to trademark, brand or patent protection and are trademarks or registered trademarks of their respective holders. The use of brand names, product names, common names, trade names, product descriptions etc. even without a particular marking in this work is in no way to be construed to mean that such names may be regarded as unrestricted in respect of trademark and brand protection legislation and could thus be used by anyone.

Cover image: www.ingimage.com

This book is a translation from the original published under ISBN 978-3-330-65161-6.

Publisher:
Sciencia Scripts
is a trademark of
Dodo Books Indian Ocean Ltd. and OmniScriptum S.R.L publishing group

120 High Road, East Finchley, London, N2 9ED, United Kingdom
Str. Armeneasca 28/1, office 1, Chisinau MD-2012, Republic of Moldova, Europe
Printed at: see last page
ISBN: 978-620-8-16036-4

DEDICAÇÃO

Dedico este trabalho à minha família, que sempre me incentivou e apoiou moral e financeiramente no meu trabalho e nos meus estudos.

COTAÇÃO

Agradeço a Deus Todo-Poderoso por todas as suas bênçãos. Gostaria também de agradecer aos meus supervisores, Dr. George Ayodo e Dr. Amek Nyaguara, pelo seu apoio na análise e preparação desta tese. Gostaria também de agradecer aos meus colegas da Universidade de Ciência e Tecnologia Jaramogi Oginga Odinga pelas experiências enriquecedoras que tivemos durante os nossos estudos. Gostaria também de agradecer à minha família, especialmente à minha mulher, pelo seu encorajamento e apoio durante os meus estudos. Para além disso, não gostaria de esquecer Richard Moenga, Robert Nyabaro, Irene Akunga e Rahap Wachule que me ajudaram a entrevistar os participantes.

LISTA DE ABREVIATURAS

AHIMA-American Health Information Management Association

AMA- American Medical Association

CHSRF-Canadian Health Services Research Foundation

DHIS- District Health Information Software

E-Health-Electronic health

EHR- Electronic Health Records

EMR-Electronic Medical Records

HHA- Home Health aide.

HIS- Health Information System

HR&IO- Health Records and Information Officer

HSRP-Health Sector Reform Project

ICT-information, communication and transmissions

IT- Information Technology

MDG –Millennium Development Goal

MDG-Millennium Development Goal

MOH-Ministry of Health

PPHSN-Pacific Public Health Surveillance Network

UK –United Kingdom

UNICEF-United Nations international Children Education Fund

UN-United Nations

USA-United States of America

WHO-World Health Organization

RESUMO

A utilização da informação sobre saúde é importante para a prestação de serviços de saúde eficientes e eficazes. Envolve a geração, recolha e análise de dados que identificam lacunas nos sistemas de saúde para permitir o planeamento de intervenções de saúde adequadas. O estudo procurou determinar a utilização da informação sobre saúde entre 160 trabalhadores da saúde em 52 unidades de saúde no sub-condado de Gucha. Tratou-se de um estudo transversal descritivo em que foram recolhidos dados quantitativos através de um questionário de entrevista estruturado. Foram utilizados métodos de amostragem estratificada e por quotas para recrutar os participantes no estudo. Foram utilizados os seguintes métodos estatísticos para analisar os dados: Percentagens, Qui-quadrado. O estudo inquiriu 160 profissionais de saúde em 52 estabelecimentos de saúde no sub-distrito de Gucha. O estudo revelou que havia muito poucos profissionais, 7,5% (n=12) em informação sanitária e 92,5% (n=148) noutros quadros. O estudo constatou que 11% (n=17) dos trabalhadores da saúde estavam a aceder e a utilizar inadequadamente a informação sobre saúde. No entanto, a utilização da informação pelo governo era elevada (81%, n=130). A diferença entre utilizadores e produtores da informação não foi estatisticamente significativa ($P>0,05$). Os conhecimentos sobre a utilização da informação de saúde também eram fracos; 36% (n=60) dos profissionais de saúde tinham conhecimentos informáticos e 64% (n=100) eram analfabetos informáticos. A disponibilidade de dados/informação era baixa, uma vez que nenhuma das unidades de saúde dispunha de um sistema puramente eletrónico; 57% (n=91) utilizavam papel e 43% (n=69) utilizavam um sistema híbrido. Verificou-se também uma falta de ferramentas de dados em 78% (n=125) das unidades de saúde. A qualidade dos dados/informação foi afetada pela falta de diretrizes de informação, política, profissionalismo, quadro de monitorização e avaliação e plano estratégico. O estudo recomenda o recrutamento e a utilização de informáticos técnicos em informação sanitária e a aquisição e utilização de software informático. Os profissionais de saúde devem receber formação sobre a utilização de programas informáticos para criar, recolher e analisar dados. Mais importante ainda, estabelecer políticas, diretrizes e normas para a informação sanitária, um quadro de acompanhamento e avaliação, um plano de acompanhamento e avaliação ou um quadro jurídico para as aplicações no departamento.

CAPÍTULO 1

Informações gerais

O sistema de informação sobre saúde fornece dados de saúde, que são definidos como factos, números ou textos sobre a saúde das pessoas (MOH, 2012). Os dados não são qualificados por qualquer conteúdo, significado ou utilização, mas são uma forma básica de informação. A informação é mais significativa do que os dados e pode ser aplicada; é o resultado de um processo que analisa, interpreta e transforma os dados numa forma útil (Wang *et al.* 2008).

A recolha e a análise de dados revelam padrões, tendências, associações ou relações que fornecem informações sob a forma de mapas, globos, relatórios e gráficos que podem ser utilizados pelos profissionais de saúde para promover a saúde da comunidade. De acordo com (Camporesi et al, 2011), a compreensão destes resultados constitui um conhecimento que pode ser utilizado para a ação ou intervenção. A gestão da informação é a base para a produção de conhecimento e a implementação de decisões no sistema de saúde. Existem três categorias de informação que os profissionais de saúde podem utilizar:

- Informações sobre os serviços de saúde e a vigilância das doenças
- Informações de gestão; sobre logística e entregas, finanças, pessoal e bens imóveis, instalações e equipamento
- Informações sobre a população relacionadas com o registo vital e o recenseamento, a investigação operacional, os inquéritos e a avaliação rápida. A nível individual e comunitário, os profissionais de saúde precisam de informações para uma gestão clínica eficiente e eficaz; precisam de ser capazes de avaliar em que medida os serviços estão a satisfazer as necessidades e a procura das comunidades. Isto assegura a disponibilidade e a distribuição equitativa dos recursos de saúde e a prestação de intervenções para reduzir o peso da doença através de estratégias de prevenção.

A nível distrital, a informação sobre saúde permite ao pessoal de saúde

Decisões sobre o funcionamento eficaz dos estabelecimentos de saúde e do sistema de saúde no seu conjunto e a um nível mais elevado; a informação sobre saúde é necessária para a elaboração de políticas estratégicas e para a afetação de recursos.

De acordo com (Lippeved et al, 2008), a informação sobre saúde tem sido descrita como a "base" para uma saúde melhor, a "cola" que mantém os sistemas de saúde unidos e o "óleo" que mantém os sistemas de saúde a funcionar. No entanto, existe um amplo consenso de que um sistema de informação sobre saúde (SIS) forte é parte integrante do sistema de saúde como um todo, cujos limites operacionais incluem todos os recursos, organizações e actores envolvidos na regulação, financiamento e realização de intervenções cujo principal objetivo é proteger, promover ou melhorar a saúde.

Em África, os países estão a utilizar a tecnologia para criar sistemas de informação sanitária interoperáveis. A interoperabilidade permite que diferentes ramos de um sistema de informação sanitária, que utilizam software diferente, acedam às bases de dados uns dos outros para recolher informações úteis e melhorar a qualidade e a exaustividade dos dados em cada sector (OMS, 2010). Alguns países estão a utilizar os

EMR, os EHR e os DHIS para recolher, analisar e partilhar informações e conhecimentos, a fim de reforçar os sistemas de informação sanitária na região. Os gestores de sistemas de informação, os decisores políticos, os criadores de software de fonte aberta para sistemas de informação sanitária e outras partes interessadas estão envolvidos no reforço dos sistemas de informação sanitária (OMS, 2010).

De acordo com (AWP, 2013), a maioria das unidades de saúde no Quénia utiliza um sistema de informação sanitária baseado em papel. Os sub-condados e os hospitais de referência utilizam o software de informação de saúde distrital e alguns utilizam registos médicos electrónicos (EMR) e registos de saúde electrónicos (EHR). O sistema de informação sanitária (SIS) é um dos investimentos mais eficazes que podem ser efectuados para acompanhar melhor os progressos. O Quénia enfrenta grandes desafios na recolha, análise, avaliação e interpretação dos dados relativos aos indicadores para permitir a elaboração de políticas baseadas em dados concretos (HIT, 2009).

No distrito de Gucha, o sistema de informação sanitária utiliza o Software de Informação Sanitária Distrital (DHIS) e registos médicos electrónicos, enquanto os estabelecimentos de saúde (centros de saúde e farmácias) são baseados em papel e os hospitais de nível quatro utilizam EMR e DHIS (HIT, 2009).

1.1 APRESENTAÇÃO DO PROBLEMA

Os sistemas de informação sanitária são importantes para o bom funcionamento do sistema de saúde, na medida em que aumentam a responsabilidade pela afetação de recursos e sublinham a necessidade de medir os resultados em matéria de saúde. A informação sanitária é um produto do sistema de informação sanitária, que é fundamental para qualquer organização de saúde que pretenda atingir os seus objectivos, uma vez que fornece as informações necessárias para monitorizar o estado da saúde, o fornecimento/distribuição de produtos, a vigilância das doenças, a mão de obra e os serviços, a fim de melhorar a liderança e a gestão da saúde pública a todos os níveis. Para que a informação seja utilizada eficazmente, deve estar disponível, ser acessível e de alta qualidade, e os conhecimentos para a sua aplicação devem estar disponíveis e ser de fácil utilização (Nevo *et al.*, 2007).

No sub-distrito de Gucha, a taxa de utilização de dados/informação é de apenas 30% (DHIS, 2013). Trata-se de uma utilização muito baixa dos dados/informações para tomar decisões informadas. Esta situação conduziu a uma afetação desigual dos recursos e a um planeamento deficiente da prestação de serviços de saúde essenciais. Esta baixa taxa de utilização da informação de saúde no planeamento levou a um aumento das rupturas de stock de medicamentos essenciais e outros produtos, como os RDT para o diagnóstico da malária e a data de validade de alguns medicamentos devido ao excesso de stock.

Consequentemente, verifica-se ineficiência e ineficácia na prestação de serviços de saúde pelos profissionais de saúde, incluindo a monitorização de doenças, o fornecimento de produtos, a contratação de pessoal, etc. Esta situação reflecte-se na distribuição dos profissionais de saúde, que é de 12%, 20% e 30% nos hospitais, **centros de saúde** e ambulatórios, respetivamente. Esta situação está muito abaixo das normas relativas ao pessoal de saúde e é inaceitável (OMS, 2012).

[th]Não estão previstas medidas que utilizem a informação para melhorar os maus resultados nos indicadores de saúde, como as 4 consultas de ANC, que se situam em 40%,

a prevalência da malária em 20% e o VIH/SIDA em 8,9% (KAIS, 2012). A taxa de execução do Plano de Trabalho Anual (PTA) e do Plano Operacional Anual (POA) situa-se entre 40 e 50 % em 2012.

Atualmente, a oferta e a procura no domínio da informação sobre saúde não estão equilibradas, uma vez que a oferta excessiva de dados é acompanhada por uma grande necessidade de informação não satisfeita.

Embora sejam recolhidas grandes quantidades de dados a diferentes níveis do sistema, relativamente poucos são efetivamente utilizados para a tomada de decisões. A procura de informação sobre saúde não deve provir apenas do sector da saúde, mas também - e talvez mais importante - de outros sectores (especialmente finanças e planeamento) e da sociedade civil, incluindo parlamentares, comunidades, grupos de consumidores e organizações não governamentais. A informação sobre saúde é muito mais do que a simples recolha de dados. Os dados não têm valor em si mesmos. O valor e a relevância só surgem depois de a informação ter sido analisada e transformada numa utilização significativa.

1.3 Objectivos do estudo

1.3.1 Objetivo geral

O objetivo geral do estudo era analisar a utilização da informação sobre saúde entre

Profissionais de saúde no subdistrito de Gucha, distrito de Kisii

1.3.2 Objectivos específicos

a) Determinar a acessibilidade da informação sobre saúde entre os profissionais de saúde em Gucha

Sub-distrito, distrito de Kisii

b) Desenvolver conhecimentos sobre a utilização da informação sobre saúde entre os profissionais de saúde em

Sub-distrito de Gucha, distrito de Kisii

c) Identificar a disponibilidade de informação sobre saúde para utilização pelos profissionais de saúde em

Sub-distrito de Gucha, distrito de Kisii

d) Determinar a qualidade da informação disponível para os profissionais de saúde em

Sub-distrito de Gucha, distrito de Kisii

1.5 QUESTÕES DE INVESTIGAÇÃO

a) A informação sobre saúde é acessível aos trabalhadores do sector da saúde no subcondado de Gucha, no condado de Kisii?

b) Os profissionais de saúde do subcondado de Gucha, no condado de Kisii, estão familiarizados com a utilização da informação sobre saúde?

c) Existe informação sobre saúde disponível para os trabalhadores do sector da saúde no subcondado de Gucha, no condado de Kisii?

d) Existe informação de qualidade sobre saúde para os trabalhadores do sector da saúde no subcondado de Gucha, no condado de Kisii?

1.6 SIGNIFICADO DO ESTUDO

O papel do sistema de informação sanitária consiste em fornecer dados de saúde atempados, fiáveis, acessíveis e equitativos para a tomada de decisões informadas, a fim de maximizar a utilização de recursos escassos no sector da saúde, e o objetivo é gerar e utilizar a informação sanitária para a formulação de políticas, a gestão, o planeamento, a orçamentação, a implementação, a monitorização e a avaliação dos serviços e programas de saúde (HIS, 2012).

O governo introduziu o DHIS e o EMR para eliminar o sistema de informação sanitária baseado em papel e melhorar a qualidade dos dados e da informação (MOH, 2010). Reconhece também que um Sistema Nacional de Informação Sanitária (NHIS) eficaz é fundamental para a criação de um sistema de saúde eficiente e de alta qualidade. A Estratégia do Sistema de Informação Sanitária 2010-2030 descreve a forma como o NHIS será tornado mais robusto: A fim de promover a utilização da informação e a equidade no sistema de saúde, o governo aboliu o sistema de empurrar e promoveu o sistema de puxar no fornecimento de produtos no país para apoiar a utilização da informação (MOH, 2010). A procura de provas para apoiar a realização dos ODS e a necessidade crescente de os doadores multilaterais e bilaterais demonstrarem a sua contribuição para o desenvolvimento da saúde também levaram a um aumento da procura de informação (OMS, 2008).

O objetivo deste estudo foi recolher informações e investigar as razões da fraca qualidade dos dados e da baixa utilização da informação, de modo a que possam ser feitas recomendações com base nos resultados para garantir a acessibilidade, o conhecimento, a disponibilidade de dados de qualidade e a utilização da informação para a tomada de decisões com vista a melhorar os cuidados de saúde. Por conseguinte, é importante que as autoridades tomem decisões informadas sobre intervenções eficazes para melhorar os cuidados de saúde prestados à população do subcondado de Gucha (AOP, 2011).

CAPÍTULO 2
REVISÃO DA LITERATURA

2.1 INTRODUÇÃO

As informações de saúde são os dados relativos ao historial médico de um indivíduo, incluindo sintomas, diagnósticos, procedimentos e resultados. Um sistema de informação sanitária (SIS) é um conjunto de componentes e procedimentos interligados, organizados com o objetivo de gerar informação sanitária (Aquila, et al, 2009). É a inteligência para monitorizar o estado e os serviços de saúde para melhorar a liderança e a gestão da saúde pública a todos os níveis. O seu objetivo é melhorar a disponibilidade de dados/informações oportunos, acessíveis, fiáveis, de alta qualidade e de fácil utilização a todos os níveis do sistema de saúde (OMS, 2007).

(Wang *et al.* 2008) explica que os dados são o singular dos dados que não têm conteúdo, significado ou utilização, mas são uma forma básica de informação. A informação é mais significativa do que os dados e pode ser aplicada; é o resultado de um processo que analisa, interpreta e transforma os dados numa forma útil.

O papel do sistema de informação sanitária consiste em gerar, analisar e divulgar dados/informações (OMS, 2008). Os dados são gerados por indivíduos, unidades comunitárias, estabelecimentos de saúde, centros de vigilância de doenças, a comunidade e áreas ou unidades geográficas (espaciais) (DHIS, 2010). São analisados com software a nível distrital para gerar informações que conduzem ao conhecimento, ou seja, à compreensão das situações e às formas de lidar com elas (PPHSN, 2009).

Um estudo de caso realizado no Irão sobre um sistema de informação de saúde a nível distrital revelou que os dados clínicos recolhidos pelos prestadores de cuidados de saúde a nível individual eram utilizados para os cuidados aos doentes, enquanto os dados secundários eram utilizados para a gestão dos serviços de saúde, como a atribuição de recursos, a avaliação dos serviços, o desenvolvimento e o planeamento de políticas, a investigação e a educação (Ahmad, *et al.*, 2013).

2.2 ACESSIBILIDADE DA INFORMAÇÃO SOBRE SAÚDE

Acesso deficiente

(Landry *et al.*, 2010) explica que a falta de acesso às informações de saúde existentes leva à perda de oportunidades e à reinvenção da roda. Isto pode dever-se ao facto de nem sequer ser possível tomar conhecimento da existência de certas informações essenciais devido à grande quantidade de informação disponível. Pode também dever-se ao facto de a informação não poder ser recuperada a tempo devido à falta de tecnologia informática ou de uma ligação à Internet, de direitos de utilizador ou de uma palavra-passe e nome de utilizador. A informação também pode ser inacessível porque não está numa forma que o utilizador possa compreender, por exemplo, quando os materiais são apresentados a um público não técnico numa linguagem técnica ou numa língua que o público não domina.

(HIS, 2011) reconhece que o sucesso da reforma dos cuidados de saúde depende, em muitos aspectos, da melhoria do acesso à informação clínica para fins secundários, para além da coordenação dos cuidados em todos os contextos e ao longo do tempo, do aumento da partilha de informações com os doentes e os prestadores de cuidados e do cálculo de medidas normalizadas de qualidade clínica. No entanto, este novo ambiente de intercâmbio eletrónico pode apresentar novos desafios ao equilibrar o acesso fiável a dados clínicos com a proteção da privacidade dos doentes e o respeito pelas preferências individuais dos doentes no que respeita à utilização dos dados.

Comunicação

Os gestores de cuidados de saúde não ficam colados a computadores e bases de dados (Ballou *et al.*, 2009). Trabalham com todos os tipos de profissionais de saúde, incluindo médicos, funcionários e administradores. Este facto torna essenciais as competências de comunicação escrita e verbal. Os gestores prestam aconselhamento em comités organizacionais ou no desenvolvimento de novas políticas de informação sobre saúde. A informação sobre saúde destina-se a ajudar os médicos a aprender a prestar melhores cuidados e a reconhecer as suas necessidades. Os gestores também estabelecem contactos com os fornecedores e asseguram que estes compreendem as necessidades do hospital.

Registos médicos electrónicos

(H S T P, 2011) constatou que, embora o número de prestadores que investem em registos de saúde electrónicos esteja a crescer rapidamente, vários sistemas de saúde que adoptaram precocemente as TI no domínio da saúde já descobriram muitos desafios relacionados com a utilização de dados clínicos electrónicos para fins que vão além do tratamento e do pagamento. Os desafios incluem questões jurídicas e políticas relacionadas com o acesso, a utilização e a divulgação de dados dos registos clínicos electrónicos para melhorar a qualidade, a segurança, a eficácia e a eficiência dos cuidados de saúde.

Os gestores da saúde devem basear-se nas provas como uma componente importante da tomada de decisões, mas, em última análise, nunca há provas suficientes e somos obrigados a tomar as nossas decisões à luz das provas disponíveis, com base na experiência, na intuição, no senso comum e na nossa vontade de inovar e mudar (OMS, 2012).

(shortleaf *et al*, 2011) considera que este é um obstáculo significativo à adoção dos registos de saúde electrónicos (RSE) e, em particular, à conetividade com outros sistemas, o que traz benefícios significativos para o clínico. Os regulamentos relativos aos dados de saúde, à privacidade e à confidencialidade também constituem frequentemente um obstáculo às TI no domínio da saúde, uma vez que restringem a partilha de dados dos doentes entre os prestadores.

Barreiras culturais

As barreiras culturais são talvez as mais importantes. Do ponto de vista dos médicos, as barreiras mais frequentemente mencionadas são: os médicos consideram que as TI no sector da saúde consomem muito tempo e estão demasiado ocupados para se dedicarem a elas; não se apercebem do que ganham com elas; receiam que despersonalizem os cuidados de saúde e, em especial, que afectem a relação com os seus doentes; vêem-nas como uma ameaça à privacidade e à confidencialidade dos doentes e como uma ferramenta potencial para interferir na sua prática. A questão da privacidade é também um obstáculo do ponto de vista dos doentes e dos políticos (Hersh *et al*, 2010).

Propriedade

(Barbara *et al.*, 2011) reconheceram que os obstáculos à utilização secundária das informações de saúde e a clarificação da propriedade dos dados nos registos de saúde electrónicos ajudariam a superar os desafios

associados ao acesso a dados relativos à saúde para fins de investigação ou outros fins secundários. A questão de saber a quem pertencem os dados de saúde contidos nos registos médicos não é uma questão de legislação federal e é frequentemente não abrangidos pela legislação estatal. Mesmo nas poucas partes do país em que a legislação estatal especifica a quem pertencem os dados de saúde contidos nos registos médicos, a propriedade dos dados não significa necessariamente um direito absoluto de conceder ou bloquear o acesso aos dados (AWP1, 2012).

2.3 CONHECIMENTOS SOBRE A UTILIZAÇÃO DA INFORMAÇÃO SOBRE SAÚDE

O conhecimento é muito mais do que um sistema de informação, porque é constituído por uma série de contributos: Informações, experiências, crenças, relações e técnicas que um indivíduo reúne mentalmente para determinar o significado de uma determinada situação e como lidar com ela (Pierce et al., 2008). Inclui princípios, ferramentas e práticas que permitem às pessoas criar conhecimentos e partilhar e aplicar o que sabem, a fim de acrescentar valor e aumentar a eficiência e a eficácia, reforçar os sistemas de saúde e melhorar os resultados em matéria de saúde.

A gestão dos conhecimentos facilita a divulgação e a partilha de informações, o reforço das capacidades, a educação e o ensino à distância, o apoio e a documentação da investigação, a promoção e o apoio de comunidades de prática, bem como a vigilância e a resposta a doenças e epidemias. Isto é possível graças aos avanços nas tecnologias da informação e da comunicação, que alargaram consideravelmente o acesso à informação e aos conhecimentos no domínio da saúde (CHRD, 2010).

Através do raciocínio interno, a avaliação desta informação é combinada com outras experiências acumuladas para encontrar uma resposta e uma linha de ação. O conhecimento deve ser encarado como um processo de utilização de crenças verdadeiras e fundamentadas sobre as relações entre ideias, experiências e informações relevantes para um determinado domínio, a fim de obter uma consciência de como reconhecer e gerir uma determinada situação. Do mesmo modo, a informação pode ser vista como um processo (Pieece *et al.*, 2008). Por conseguinte, devemos fornecer infra-estruturas adequadas para a conceção e implementação destes sistemas, tendo em conta o seguinte

Desenvolvimento e integração de sistemas de informação existentes, normas de informação, saúde

Formação do pessoal de enfermagem e contratação de peritos em gestão da informação sanitária

Os resultados deste estudo mostraram que, apesar da importância das infra-estruturas para a correta implementação dos SISDH, não foi dada a devida atenção a esta questão em muitos outros países. Por exemplo, não existia uma infraestrutura primária para o trabalho em equipa, a participação na avaliação da informação e a tomada de decisões. Além disso, a infraestrutura de formação do SISD não era desejável, o primeiro nível de produção e recolha de dados era ineficiente, a formação do pessoal era negligenciada nos cuidados de saúde primários, não havia relatórios informatizados nas unidades de saúde urbanas e rurais e não havia informação suficiente para a tomada de decisões a este nível.

Sistema de informação

(Muyepa *et al.*, 2006) efectuou um estudo sobre os sistemas de informação sanitária no Malawi, no qual foram identificados desafios, entre outros, na competência de recolha de dados a nível distrital, análise e distribuição.

Num estudo intitulado "Isfahan medical university hospital managers need assessment about comprehensive planning process in hospital information system, 2007", verificou-se que o conhecimento dos gestores hospitalares sobre o processo de planeamento geral do sistema de informação hospitalar era médio e que eram necessários mais programas educativos (Raeisi *et al*, 2006)

(Trivedi *et al*, 2008) contribui para o facto de a natureza do conhecimento médico e da tecnologia exigir que todos no sector da saúde tenham conhecimentos informáticos. (Ajuwon *et al*, 2008) salienta que a mudança de paradigma da biblioteconomia tradicional para a biblioteconomia multidisciplinar através das tecnologias da informação e da comunicação (TIC) aumentou a quantidade de informação que passa pela biblioteca e que o papel do bibliotecário do sector da saúde tem de acompanhar estas mudanças. Os cuidados de saúde são um sector de informação intensiva e as TIC desempenham um papel importante na prestação de serviços de saúde.

(Trivedi *et al.*, 2008) afirmou que a natureza do conhecimento médico e da tecnologia exige que todos no sector da saúde tenham conhecimentos informáticos. Formação ou reciclagem do pessoal

torna-se imperativo porque, sem formação, a grande quantidade de informação eletrónica sobre saúde não será adequadamente utilizada. (Duffy *et al.*, 2009) constatou que o fornecimento de informações electrónicas no sector da saúde não corresponde ao do sector académico. Para responder à procura crescente de informação para medir o desempenho em relação às prioridades e estratégias nacionais, é urgente melhorar as competências de análise de dados dos produtores de informação. É necessária uma formação em análise de dados adaptada ao nível de conhecimentos e de experiência da mão de obra no sector da saúde. Outro passo essencial para reforçar um sistema de informação sobre saúde é reunir os produtores de dados (os que prestam serviços) com os utilizadores de dados (os que participam na tomada de decisões, na gestão, no planeamento e no financiamento) (PPHSN 2009).

Perceção

(OMS, 2007) constatou que muitos profissionais de saúde acreditam que só os especialistas podem interpretar os dados epidemiológicos. Acreditam que não são feitos esforços suficientes para tornar a informação compreensível para os decisores. Consequentemente, muitas pessoas consideram que a informação sobre saúde é opaca, pouco clara e, por vezes, contraditória. Não se utilizam todos os conhecimentos disponíveis para melhorar a saúde das pessoas. Não há intercâmbio e tradução de informações sobre saúde, resultados de investigação ou conhecimentos (Ministério da Saúde, 2010).

Analfabetismo

(Landry *et al.*, 2010) afirma que o analfabetismo generalizado e o ensino pós-secundário ou secundário limitado, agravados pelo êxodo em massa de profissionais de saúde, limitam gravemente os esforços para reduzir a lacuna de conhecimentos. A taxa de literacia na região africana é atualmente de 63%, a mais baixa de todas as regiões da OMS

(MGD Task Force, 2008).

Obstáculos técnicos e profissionais

(Prottii *et al.*, 2007) descreve os principais problemas encontrados nesta categoria: falta de sincronização entre o sistema e o fluxo de trabalho clínico; compradores (médicos) que estão mal preparados para tomar decisões de compra adequadas; clínicos que actuam como consultores do sistema; programadores que não são realmente qualificados devido à sua formação.

falta de formação em informática biomédica, falta de profissionais de informática médica capazes de liderar a implementação e falta de um processo organizacional estratégico para incentivar o envolvimento de todas as partes interessadas

Lacunas no conhecimento

(Braa et al., 2004), na Tanzânia, vários estudos revelaram as seguintes deficiências: os sistemas estavam fragmentados, os dados eram recolhidos sem capacidade de análise, interpretação ou utilização a todos os níveis da prestação de serviços de saúde, a maioria dos programas verticais tinha uma capacidade limitada de análise e utilização dos dados, o fluxo de dados era da base para o topo, não havia um feedback significativo entre os níveis superior e inferior, o pessoal das unidades de saúde estava sobrecarregado por ter de preencher múltiplos formulários de diferentes programas e os recursos eram desperdiçados.

(OMS, 2013) informa que existem lacunas no conhecimento sobre saúde, onde faltam respostas essenciais sobre como melhorar a saúde das pessoas na região. Trata-se de um problema relacionado com a produção de informações ou provas no domínio da saúde. A lacuna é ainda maior em algumas regiões e representa um desafio para a realização dos Objectivos de Desenvolvimento do Milénio e de outras metas acordadas (2006-2015), juntamente com lacunas na equidade social, responsabilidade e implementação (OMS, 2009*)*.

Competências analíticas

(OMS, 2008) concluiu que os sistemas de informação sobre saúde em muitos países de baixo e médio rendimento são atualmente ricos em dados mas pobres em informação devido a competências analíticas inadequadas. A análise de dados é o processo de transformação de dados brutos em informação utilizável que acrescenta valor ao resultado estatístico. A análise pode ser tanto quantitativa como qualitativa. Em muitos sistemas de saúde, o pessoal responsável pela recolha e análise de dados é subvalorizado ou insuficientemente qualificado. Por conseguinte, são necessários incentivos ao nível dos recursos humanos para garantir a qualidade das competências (OCDE 2009).

Tanto no sector público como no privado, existe uma grande e urgente necessidade de mão de obra especializada em sistemas de informação sobre saúde, à medida que o pessoal mais experiente se reforma ou se deslocaliza.

a outras posições OMS, 2009). Apesar de várias iniciativas em curso em alguns países, a maioria deles não proporciona um ambiente favorável à utilização de provas para a política e a tomada de decisões (CHSRF, 2011).

2.4 DISPONIBILIDADE DE INFORMAÇÃO SOBRE SAÚDE

Relatórios

De acordo com (Braa *J et al.*, 2001), os dados recolhidos pelas unidades sanitárias foram agregados a nível distrital, onde foram compilados os relatórios para o respetivo distrito. A nível regional, os relatórios eram compilados utilizando um sistema computorizado. O HMIS incluía todos os dados recolhidos em todas as unidades sanitárias a todos os níveis.

Valor

A subutilização das provas e conhecimentos existentes para a ação pode resultar do facto de os decisores políticos poderem não valorizar as provas apresentadas (Annunobi *et al.*, 2008). Isto, por sua vez, pode dever-se ao facto de não compreenderem ou não confiarem nas provas, ou ao facto de existirem outros interesses concorrentes. Os utilizadores confiarão nas provas, valorizá-las-ão e esforçar-se-ão mais por aplicá-las se tiverem a oportunidade de o fazer e se forem apoiados para articular a sua necessidade de provas As bibliotecas académicas eram as únicas guardiãs da informação, que se encontrava sobretudo em formato impresso. Também lhes deve ser dada a oportunidade de trabalhar em estreita colaboração com os produtores de provas. Apesar de várias iniciativas em curso em alguns países, a maioria dos países não proporciona um ambiente propício à utilização de provas para a elaboração de políticas e a tomada de decisões (AHSRF, 2008).

Processo

O estudo sobre a produção e utilização de informações de saúde (AHIMA, 2010) mostra que os dados provêm de um registo de saúde criado para cada doente numa organização de cuidados de saúde. Os sistemas de informação sobre saúde assumem três formas: papel, eletrónica e híbrida; as ferramentas em papel são utilizadas para a recolha de dados e a elaboração de relatórios; e as ferramentas manuais são utilizadas para analisar, armazenar e recuperar dados. Outros utilizam registos médicos electrónicos (EMR), registos de saúde electrónicos (HER) e software de informação sanitária distrital (DHIS) e o último sistema é um sistema híbrido.

Avaliação e relatório

De acordo com os critérios da OMS (2008), a pontuação média da avaliação do SISD foi de 35,75%. O nível mais elevado de conformidade dos critérios do SISD com os critérios da OMS estava relacionado com os critérios de recolha de dados (70%) e o nível mais baixo estava relacionado com a utilização da informação para a tomada de decisões (10%). Nas instalações urbanas e rurais, o nível médio de concordância foi de 34,57%, com os níveis mais alto e mais baixo de concordância relacionados com os critérios de recolha de dados (72%) e a utilização da informação para a tomada de decisões (7,5%).

Partes interessadas

O trabalho em parceria com os médicos e outras partes interessadas também provou ser um fator crítico para o êxito da adoção das tecnologias da informação no domínio da saúde (TI). A maioria dos principais obstáculos à adoção dos CDI e das TI no domínio da saúde está relacionada com as dificuldades que os médicos enfrentam e com a sua consequente relutância em participar no processo (IMPACT, 2009).

Utilização da informação

A utilização de informações e dados no sistema de saúde deve desempenhar um papel importante na gestão dos fluxos de recursos e dos programas de saúde (OMS, 2013). Para o efeito, é necessário criar e manter um sistema sólido que gere as informações, os elementos de prova e os conhecimentos necessários para analisar, compreender e gerir eficazmente os sistemas de saúde.

A utilização da informação pelos gestores em Gaborone e a adequação dos instrumentos de recolha de dados foram difíceis de conseguir (Ragnhild et al, 2008). Vários estudos realizados em países em desenvolvimento mostraram que os instrumentos são difíceis de compreender e utilizar devido à sobreposição de elementos de dados, que são irrelevantes para os utilizadores da informação e ineficazes para a tomada de decisões (Heywood & Rohde 2001). A fraca coordenação nacional e os projectos financiados por diferentes doadores que

As razões prováveis pelas quais a recolha duplicada de dados no SIS é mais suscetível de constituir um obstáculo são o facto de os dados serem exigidos de diferentes formas (AbouZahr et al., 2005)

Recursos humanos insuficientes

Num estudo de caso sobre o sistema de informação sanitária no Pacífico, em Vanuatu (Miriam L. et al., 2008), o relatório sobre o sistema de informação foi de apenas 35 a 45 por cento, o que, por sua vez, reduz a sua validade. Esta situação foi atribuída, de forma anedótica, ao facto de os enfermeiros estarem sobrecarregados com o seu trabalho e não considerarem a recolha de dados importante.

De acordo com (Alireza, 2000), os critérios de análise dos dados do DHIS correspondiam às especificações da OMS, com um valor médio de 32%. O nível mais elevado de concordância foi encontrado para os indicadores-chave sobre recursos humanos e o mais baixo para os indicadores sobre transportes (1%).

Feedback

Um estudo do sistema de informação em Moçambique e na Tanzânia constatou que a informação flui do nível distrital e provincial para o nível nacional sem análise local para a tomada de decisões no terreno, e que há uma falta de feedback do nível nacional para o nível local (Braa, *et al.* 2004).

Armazém de dados

Muitos países e organizações em todo o mundo estão a desenvolver armazéns de dados para uma melhor gestão e partilha de dados (OMS, 2009). Um armazém de dados é um repositório de dados consolidado e centralizado, com definições normalizadas, onde os dados são armazenados numa estrutura comum que permite a sua análise por vários utilizadores. Um armazém de dados apoia o planeamento estratégico, a modelização e a previsão a nível organizacional, proporciona uma visão única, abrangente e coerente da informação e permite que os dados sejam facilmente acessíveis e compreensíveis. São necessárias normas rigorosas de qualidade dos dados. Sem um método de armazenamento normalizado, os dados não podem ser combinados. O armazém de dados permite que os utilizadores comparem e contrastem dados de diferentes fontes e sistemas e permite uma análise eficiente dos mesmos.

Descoberta de padrões previamente desconhecidos, válidos, potencialmente úteis e compreensíveis em grandes conjuntos de dados com opções de pesquisa.

(AbouZahr *et al.*, 2008) argumenta que a disponibilidade, a qualidade e a utilização da informação sobre saúde, os resultados da investigação e os conhecimentos no Quénia são inadequados. Para colmatar a lacuna de conhecimentos e manter os ganhos em matéria de saúde e desenvolvimento, é necessário reforçar as capacidades nacionais para garantir a disponibilidade de informações e provas relevantes e de qualidade no domínio da saúde e a sua utilização para a elaboração de políticas e a tomada de decisões.

Gestão de dados

UNICEF, 2008*)*, sublinha que a gestão dos dados na maioria dos países é inadequada, uma vez que não existem procedimentos claros para a recolha, o armazenamento, a análise e a distribuição dos dados, nem um repositório central de dados. Além disso, a falta de normalização das estimativas pelos serviços de estatística dos países pode significar que a informação não pode ser comparada com a das estimativas internacionais.

Deficiências

As várias fraquezas dos sistemas de informação existentes incluem a falta de políticas e diretrizes, a capacidade insuficiente do pessoal do SIS, pessoal não qualificado no manuseamento de dados, falta de integração, muitos sistemas paralelos de recolha de dados e má coordenação (OMS, 2007). A avaliação dos dados de rotina nas unidades de saúde tem revelado problemas constantes com a exaustividade, a exatidão e a atualidade dos SIS nos países de baixo e médio rendimento (LMIC) (Hedlund *et al.*, 2009). Outros factores associados à fraca qualidade dos dados em contextos de recursos limitados incluem a duplicação, a existência de vias paralelas de comunicação e a capacidade insuficiente para analisar e utilizar os dados para a tomada de decisões (OMS, 2008).

Regulamento

A regulamentação dos direitos de autor e o custo da informação são factores importantes que limitam o pleno acesso à informação existente sobre saúde (Batt *et al.*, 2008). Mesmo com uma melhor disponibilidade de índices, uma grande quantidade de informação dos países da região não está acessível, quer porque nunca foi publicada sob qualquer forma. Mesmo quando são publicados, geralmente não são
indexado

2.5 QUALIDADE DA INFORMAÇÃO

Política de dados

AbouZahr *et al*, 2008), argumenta que a disponibilidade, a qualidade e a utilização da informação sobre saúde, os resultados da investigação e os conhecimentos no Quénia são inadequados. Para reduzir o défice de conhecimentos e manter os ganhos em matéria de saúde e desenvolvimento, é necessário um compromisso a longo prazo no sentido de reforçar a capacidade nacional para garantir a disponibilidade de informações e dados relevantes e de qualidade no domínio da saúde, bem como a sua utilização para a elaboração de políticas e a tomada de decisões

Educação

(PPHSN, 2009) afirma que é necessária uma formação em análise de dados adaptada ao nível de conhecimentos e à experiência dos profissionais de saúde. Outro passo essencial para reforçar um sistema de informação sobre saúde é reunir os produtores de dados (aqueles que prestam cuidados) com os utilizadores de dados (aqueles envolvidos na tomada de decisões, gestão, planeamento e financiamento) para aprender e partilhar experiências.

Tecnologia da informação

As infra-estruturas das tecnologias da informação no domínio da saúde (TI no domínio da saúde) melhoram a qualidade, reduzem os erros médicos, as desigualdades em matéria de saúde e os custos dos cuidados de saúde, promovem a prestação de uma medicina centrada no doente e facilitam a investigação clínica e no domínio da saúde (Clinical Health Act, 2009).

(Braa *et al.*, 2007) explica que a fase inicial deste investimento se centra, em grande medida, na utilização dos registos de saúde electrónicos para fins de tratamento individual e para a apresentação de relatórios às autoridades de saúde pública. No entanto, os decisores políticos também estabeleceram o objetivo de criar um sistema de cuidados de saúde de aprendizagem e de utilizar melhor as informações inicialmente recolhidas nos registos de saúde electrónicos para fins de tratamento, a fim de melhorar a qualidade e a eficácia dos cuidados de saúde e de reduzir ou, pelo menos, racionalizar os custos. O valor das tecnologias da informação (TI) no domínio da saúde é identificado como uma componente essencial da transformação dos cuidados de saúde para reduzir os custos e melhorar a qualidade, maximizando simultaneamente os benefícios dos registos de saúde electrónicos. Os registos de saúde electrónicos podem melhorar a qualidade dos dados e, por conseguinte, a qualidade dos cuidados de saúde. Os dados disponíveis sobre a relação custo-eficácia destes sistemas eram insuficientes e não foi possível determinar em que medida os

Os benefícios comprovados foram geralmente estáveis. No entanto, as TI no sector da saúde "têm o potencial de transformar radicalmente os cuidados de saúde, tornando-os mais seguros, mais eficazes e mais eficientes. Algumas organizações já obtiveram grandes ganhos com a introdução de sistemas informáticos de saúde multifuncionais e interoperáveis baseados num registo eletrónico do doente.

(McGraw *et al*, 2012) refere-se a competências tecnológicas ou informáticas, sem as quais não se vai longe como gestor de informação de saúde. Uma das principais responsabilidades é o desenvolvimento e a manutenção de bases de dados electrónicas para os cuidados e resultados dos doentes. Para provar que um candidato pode lidar com esta tarefa, os empregadores procuram experiência em salas de servidores ou redes com aplicações. Os gestores precisam de saber como desenvolver e manter sistemas de dados, compilar estatísticas de saúde, introduzir doenças e procedimentos e manter a informação eletrónica segura. Quando aprovam a compra de eletrónica, computadores e programas, precisam de compreender a tecnologia para encontrar os sistemas certos.

EMRS e outros sistemas

As forças motrizes subjacentes aos EMR e à saúde em linha são os objectivos de eficiência, qualidade dos cuidados e redução dos erros médicos (McConnell *et al.*, 2010). Além disso, há novas oportunidades decorrentes das próprias tecnologias, como a telemedicina e a gestão de doenças crónicas com base na Internet. No entanto, até à data, tem havido pouco diálogo a nível internacional sobre o que funciona e o que não funciona, apesar de muitos governos e agências internacionais terem colocado esta importante prioridade na sua agenda. Esta situação está a começar a mudar, uma vez que estas tecnologias são particularmente adequadas à colaboração para partilhar as melhores práticas.

(Casetells *et al.*, 2007) afirma que a saúde eletrónica e as tecnologias da informação no domínio da saúde (TI no domínio da saúde) se tornaram uma das principais preocupações dos sistemas de saúde em todo o mundo. A adoção de registos de saúde electrónicos (RSE) e de sistemas de TI no domínio da saúde é considerada uma das principais prioridades dos sistemas de saúde modernos. É vista como uma componente essencial da transformação dos cuidados de saúde para reduzir os custos, melhorar a qualidade e maximizar o valor

de investimento continua a ser difícil. Apesar da crescente evidência do valor das tecnologias da informação, a introdução destas tecnologias nos cuidados de saúde está a progredir a um ritmo de caracol (Middleton *et al.*, 2011).

(Jones T *et al*, 2008) descreve que os governos de todo o mundo estão em várias fases de planeamento de iniciativas destinadas a aproveitar os avanços das TI no domínio da saúde para a saúde dos seus cidadãos. Os perigos de não dispor de um sistema informático de gestão da saúde tornaram-se demasiado óbvios para serem ignorados.

(Austrália, 2012) que os cuidados de saúde melhorados eletronicamente prometem poupanças de custos, aumentos de qualidade e eficiência e o tratamento de mais doentes com os mesmos recursos. O projeto eHealth Impact demonstrou de forma conclusiva que a relação entre os benefícios económicos e os custos é superior a 2:1. Apesar da falta de provas claras e inequívocas, alguns países já estão bastante avançados na adoção de registos de saúde electrónicos e de infra-estruturas de redes nacionais, e esta situação está a começar a mudar, uma vez que a natureza destas tecnologias se presta particularmente bem à colaboração para partilhar as melhores práticas (McConnell *et al.*, 2010).

A estreita ligação e coordenação de disciplinas fragmentadas, como a informação, a investigação em saúde e a gestão do conhecimento, é vista como um passo essencial neste processo e é também uma ação-chave que os países devem considerar como parte do quadro de implementação (OMS, 2013).

Pontos fracos

Um estudo do HMIS na Tanzânia revelou as seguintes deficiências: A qualidade e a exatidão dos dados não foram suficientemente asseguradas através de procedimentos simples de validação ou verificação, a informação não foi, em geral, suficientemente utilizada para a tomada de decisões no terreno e a apresentação, a análise e o feedback dos dados são, em geral, muito fracos. A transmissão tardia da informação de saúde de um nível para outro, as actividades relacionadas com o HMIS conduzem a um aumento da carga de trabalho, especialmente para o pessoal de saúde ao nível dos ambulatórios e dos centros de saúde onde os dados são recolhidos.
e os problemas de software e hardware a nível regional e centralizado causam ineficiências consideráveis no sistema (Braa *et al.,* 2004).

Decisão e política

(CHRD, 2010) descreve que a tomada de decisões no domínio da saúde pública depende de forma crítica da disponibilidade atempada de dados sólidos. As vantagens da informação, da investigação e dos conhecimentos em matéria de saúde consistem em informar melhor os indivíduos e o público, permitindo-lhes tomar as decisões corretas sobre a sua saúde e o seu bem-estar; influenciar a política de saúde e a tomada de decisões; alargar as fronteiras do conhecimento para desenvolver produtos e instrumentos de promoção, manutenção, proteção e recuperação. A informação sobre saúde é valiosa quando é útil para os decisores e incentiva ou facilita a utilização da informação.

Gestão no sector da saúde

A avaliação do sistema distrital de informação sanitária (DHIS) no Irão (Ata inform Med, 2013) identificou alguns factores que limitaram a utilização do DHIS e reduziram a eficácia da gestão dos serviços de saúde, tais como a falta de infra-estruturas do DHIS, a avaliação adequada das necessidades essenciais de informação, um sistema adequado de recolha de dados, métodos adequados de processamento e análise de dados, métodos adequados de apresentação da informação, interpretação adequada da informação recolhida e falta de uma tomada de decisões e de um desenvolvimento de políticas baseados na informação.

Vale a pena mencionar que os SISD sofrem de ineficiência e quase 90 por cento das decisões e políticas dos sistemas de saúde distritais foram tomadas com base na experiência ou em opiniões individuais subjectivas e não na utilização de informações (Ata inform Med, 2013). No estudo DHIS realizado no Irão, o maior desafio para os gestores dos sistemas de saúde foi a falta de empenho, a crença profunda na implementação e na utilização de uma gestão moderna no domínio da gestão da informação sanitária em geral (Panahi *et al.*, 2000). O DHIS centrou-se nos distritos e não foi dada atenção suficiente ao sistema de informação nas unidades de saúde urbanas e rurais.

Para serem bem sucedidas, as aplicações de saúde em linha devem centrar-se na resolução de problemas específicos ou ter um impacto num processo clínico ou operacional específico. Os objectivos iniciais eram melhorar e normalizar a documentação de diagnósticos, medicação e encaminhamentos,
Documentação de todas as consultas médicas, verificação da elegibilidade e processamento mais eficiente dos pedidos de indemnização. Estes objectivos imediatos estavam relacionados com dois objectivos gerais: melhores cuidados baseados numa melhor documentação e melhor gestão dos recursos baseada em melhores dados (Jones *et al.*, 2008).

Tecnologia

De acordo com (Raeisi et al, 2006), no estudo intitulado "Use of Information Technology in Health Information Management" (Utilização da tecnologia da informação na gestão da informação sobre saúde), a aplicação da tecnologia da informação tem sido desenvolvida em vários sectores, mas não no estudo sobre a informação sobre saúde Internet Navigating to Knowledge (Alejandro *et al*, 1998), que concluiu que o rápido crescimento da Internet desencadeou uma revolução da informação de proporções sem precedentes. Apesar dos benefícios óbvios, a crescente disponibilidade de informação pode também ter muitos efeitos potencialmente prejudiciais, tanto para os consumidores como para os profissionais de saúde, se estes não a utilizarem corretamente.

Competências

A declaração de dados de qualidade (OMS, 2009) é a exatidão, a exaustividade, a atualidade e a fiabilidade dos dados/informações. Os sistemas de informação sanitária são importantes para o bom funcionamento do sistema de saúde, nomeadamente devido à crescente responsabilização na afetação de recursos e à necessidade de medir os resultados sanitários. Para os doadores e decisores que investem financeiramente em sistemas de informação sobre saúde, é cada vez mais importante que sejam cumpridos requisitos de desempenho como a qualidade, a cobertura e a eficiência.

Objectivos de dados/informação

O objetivo de dados perfeitos (OMS, 2012) é largamente inatingível, uma vez que todos os métodos de recolha de dados têm limitações. Em geral, há mais margem para a omissão de dados e para erros de transcrição e de cálculo na fonte de recolha primária. Consequentemente, os dados comunicados pelas organizações de cuidados de saúde apresentam frequentemente problemas de qualidade, nomeadamente enviesamento, valores em falta e erros de cálculo. Por conseguinte, a qualidade dos dados deve ser avaliada, incluindo o ajustamento e a reconciliação dos dados provenientes de diferentes fontes, de modo a que os dados sejam fiáveis para o planeamento e a comunicação dos progressos em matéria de indicadores-chave.

Falta de fiabilidade dos dados

Dado que o conteúdo dos relatórios anuais do Ministério da Saúde não é fiável e que a base de dados para as decisões sobre a qualidade é controversa, um sistema de informação sobre a saúde é considerado uma das seis áreas prioritárias nacionais (Plano Estratégico, 2012). O projeto é financiado pelo Banco Mundial e inclui a aquisição de um sistema eletrónico de administração de doentes. O projeto é um excelente exemplo dos bons resultados que podem ser alcançados com um forte apoio político e de gestão e o envolvimento precoce de defensores clínicos (AHOP, 2009).

Acções

(OMS, 2008) recomenda que existe uma grande e urgente necessidade de uma força de trabalho qualificada para os sistemas de informação sobre saúde, tanto no sector público como no privado, à medida que os trabalhadores mais experientes se reformam ou mudam para outros cargos. Os sistemas de informação sobre saúde em muitos países de baixo e médio rendimento tendem a ser "ricos em dados" mas "pobres em informação" devido à falta de competências analíticas. A análise de dados é o processo de transformação de dados brutos em informação utilizável que acrescenta valor aos resultados estatísticos e é tanto quantitativa como qualitativa (OCDE, 2009)

Motivação

Nos sistemas de saúde, o pessoal responsável pela recolha e análise de dados é subvalorizado ou pouco qualificado. Por conseguinte, são necessários incentivos a nível dos recursos humanos para garantir a qualidade das competências. Para satisfazer a procura crescente de informação para medir o desempenho em relação às prioridades e políticas nacionais, é urgente melhorar as competências de análise de dados dos produtores de informação

Investimento

A decisão de investir em tecnologias da informação no domínio da saúde deve ser tomada e aplicada, mesmo que não existam provas empíricas e quantitativas suficientes do retorno do investimento, nomeadamente no domínio da contenção dos custos (Ministério da Saúde, 2010). Identificação clara das necessidades específicas e dos objectivos a atingir: É evidente que as TI são um meio para atingir um fim e não um fim em si mesmas. Os objectivos mencionados eram, de facto, objectivos do sistema de saúde que o sistema informático permitiria atingir, nomeadamente: elevada qualidade profissional dos cuidados de saúde, tempos de espera mais curtos, uma

elevada satisfação dos utilizadores, melhor informação sobre o serviço e a qualidade, utilização eficiente dos recursos e liberdade de escolha (DHS, 2010).

QUADRO CONCEPTUAL

A figura 2 abaixo mostra o quadro concetual do trabalho com variáveis independentes, modificadoras e utilizadoras (variáveis dependentes/resultados). O estudo é um instrumento de trabalho que se baseia em dados recolhidos/gerados que são transformados em informação utilizável. Destina-se aos profissionais de informação sobre saúde que recolhem dados e geram informação para melhorar a compreensão do papel da informação no sistema de saúde na tomada de decisões. A utilização da informação inclui: Planeamento, desenvolvimento de políticas, tomada de decisões, vigilância de doenças, monitorização e avaliação de programas e projectos específicos, investigação, educação para a saúde e tratamento de cuidados de saúde. A tomada de decisões baseada em dados concretos promove a transparência e a responsabilização na gestão dos serviços de saúde e na mobilização e utilização dos recursos (Scott JT *et al*, 2005). Quando são utilizados dados e informações publicamente disponíveis para fundamentar as decisões, todas as partes interessadas podem (teoricamente) questionar a base dessas decisões e desafiar os funcionários a defender as suas decisões. A disponibilidade de dados e a utilização de informações também permitem uma melhor responsabilização, uma vez que as partes interessadas e os potenciais beneficiários podem monitorizar os resultados das decisões. Isto é ilustrado na Figura 2 abaixo:

FIGURA 1 - QUADRO CONCEPTUAL

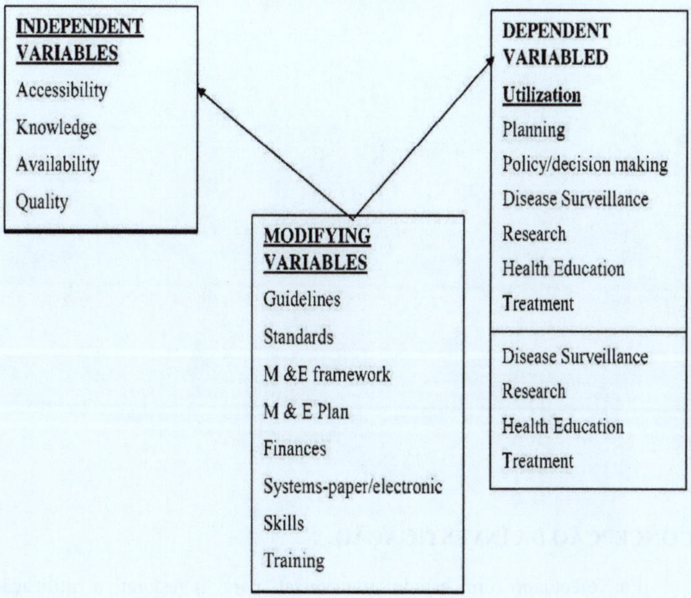

CAPÍTULO 3

MATERIAIS E PROCESSOS

3.1 A ÁREA/LOCAL DE ESTUDO:

O estudo foi realizado em unidades de saúde no sub-condado de Gucha, nas quatro divisões administrativas de Ogembo, Nyamache, Quénia e Sameta. Foram incluídas no estudo 14 unidades de saúde na divisão do Quénia, 12 em Ogembo, 13 em Nyamache e 13 em Sameta. Havia 270 profissionais de saúde a prestar serviços de saúde no sub-condado, 160 dos quais foram entrevistados (AWP, 2013).

FIGURA 2-MAPA DA SUBCOUNIDADE DE GUCHA COM INSTALAÇÕES DE CUIDADOS DE SAÚDE (Fonte - DHIS, 2014)

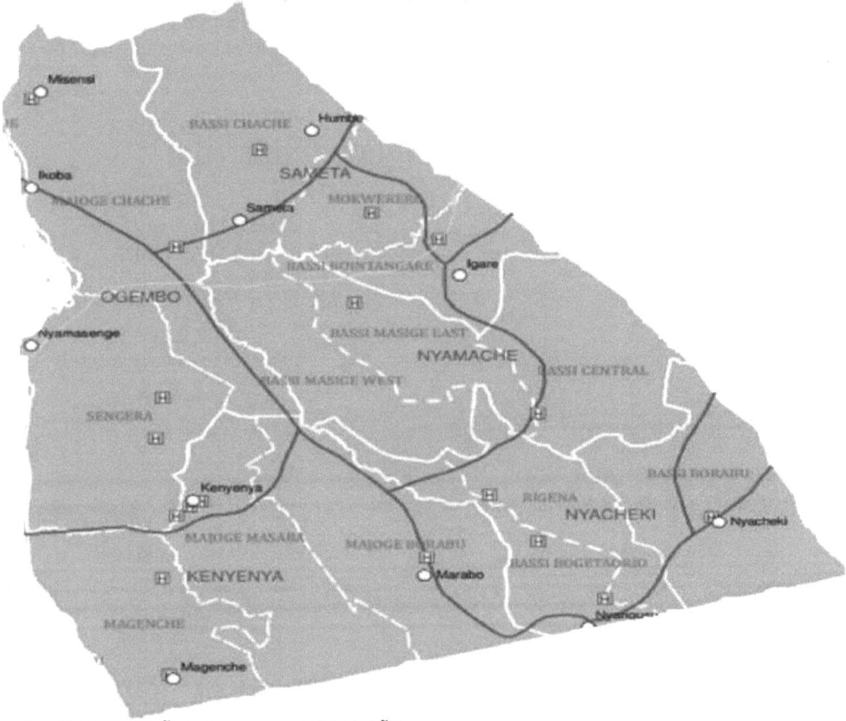

3.2 CONCEPÇÃO DA INVESTIGAÇÃO

Foi efectuado um estudo transversal para investigar a utilização de informações sobre saúde pelos profissionais de saúde no sub-condado de Gucha, no condado de Kisii. As unidades de saúde foram visitadas uma vez e foram entrevistados vários quadros de profissionais de saúde, incluindo enfermeiros, médicos, funcionários clínicos, conservadores, técnicos de laboratório, funcionários de saúde pública, administradores de cuidados de saúde e funcionários de nutrição, utilizando um questionário estruturado.

3.3 POPULAÇÃO ESTUDADA

No sub-distrito de Gucha, havia 270 profissionais de saúde em 52 unidades sanitárias. Havia 4 hospitais (nível 4), 4 centros de saúde (nível 3) e 44 dispensários (nível 2) no sub-distrito. Todas estas instalações são propriedade do Ministério da Saúde, de médicos privados e de organizações religiosas. São geridas por médicos, pessoal clínico e enfermeiros. Todas as instalações são geridas por conselhos de administração eleitos pela comunidade e aprovados pelo Ministério da Saúde.

3.4 DETERMINAÇÃO DA DIMENSÃO DA AMOSTRA

O nosso estudo foi um estudo descritivo. Utilizámos questionários estruturados para recolher dados quantitativos. A dimensão da amostra foi determinada de acordo com o método de Fisher (1998) e foi a seguinte

[22]Dimensão da amostra, **n = [z pq] ÷d** , em que z= desvio normal padrão com um intervalo de confiança de 95% =1,96

p= 50% ou 0,5

q= 1-p ou q=1-0,5=0,5

d= nível de exatidão pretendido ou erro padrão admissível = +5%

[22]O resultado é: **n** = [1,96 0,5x 0,5] ÷ 0,05 = 384,16

ii) No entanto, como a população-alvo era inferior a 10 000 pessoas, a dimensão final da amostra (nf) foi calculada utilizando o método de redução do seguinte modo

nf = n ÷ [1+ (n/N)] com N = base de amostragem = 270 e n=tamanho da amostra

O resultado é: **nf** = 384 ÷ [1+ (384/270)] Assim, nf = 158

Foram entrevistadas cerca de 160 pessoas.

iii) A dimensão da amostra foi calculada utilizando o método estratificado (ver abaixo) devido à diferente distribuição do pessoal de saúde nos diferentes departamentos, hospitais, centros de saúde e farmácias:

1 (i) KENYENYA WARD =60/270*160

=36 inquiridos

(ii) Hospital respondents=125/270*36=17

(iii) Farmácias e autoridades de saúde Inquiridos=145/270*36=19

2 (i) OGEMBO WARD =98/270*160

=58 inquiridos

(ii) Hospital respondents=125/27*58=27

(iii) Inquiridos em farmácias e centros de saúde=125/270*58=31

3 (i) NYAMACHE WARD =71/270*160

=42 inquiridos

(ii) Inquiridos no hospital=125/270*42= 19

(iii) Inquiridos em farmácias e centros de saúde=145/270*42=23

4 (i) SAMETA WARD =41/270*160

=24 inquiridos

(ii)Hospital respondents=125/270*24=11

(iii) Farmácias e centros de saúde Inquiridos=145/270*24=13

=36+58+42+24=160 inquiridos

3.4 Método de amostragem

Foi utilizada uma amostra aleatória para identificar os participantes no estudo e uma amostra proporcional para recrutar os participantes nas unidades de saúde.

3. 5 INSTRUMENTOS DE ESTUDO

Foram utilizados questionários fechados e estruturados para recolher as variáveis do estudo, com incidência em (especificar as variáveis no questionário). A entrevista foi realizada em inglês e teve uma duração média de 15 minutos por inquirido. A entrevista foi efectuada com o consentimento dos participantes após a leitura do formulário de consentimento informado.

3.6 PROCEDIMENTO DE RECOLHA DE DADOS

O instrumento de estudo foi testado com 16 profissionais de saúde (representando 10% do total de participantes no estudo nas unidades de saúde do sub-condado de Gucha) antes de ser aplicado aos principais participantes no estudo. Isto permitiu a identificação de lacunas no instrumento e levou à sua melhoria para satisfazer os requisitos do estudo. O questionário foi administrado a todos os participantes por assistentes de investigação e pelo investigador principal. Para manter a confidencialidade e proteger a identidade de todos os participantes, o questionário foi guardado a sete chaves e os investigadores foram informados desse facto. Foram atribuídos códigos de identificação a cada questionário antes de os dados serem introduzidos no software SPSS para análise.

3.7 ANÁLISE DE DADOS

Os dados foram introduzidos manualmente na base de dados MS Access (versão 2010) e analisados utilizando o Statistical Package for Social Sciences (SPSS V 17) Social e resumidos utilizando frequências e percentagens (%).a significância aquando da análise dos dados. A significância da relação ou diferença foi determinada utilizando os valores p a um nível de erro estatístico de 5 %. Em particular, um valor de p inferior a 5 % foi considerado estatisticamente significativo.

3.8 CONSIDERAÇÃO ÉTICA

O estudo foi aprovado pelo Comité de Ética de Barton (Anexo 3). Durante o estudo, o objetivo foi explicado aos participantes e estes concordaram livremente em participar. Todos os participantes deram o seu consentimento informado antes de participarem no estudo.

CAPÍTULO 4

RESULTADOS

4.1 Tipo de organização e inquiridos

Durante o período do estudo, participaram 160 profissionais de saúde de 52 estabelecimentos de saúde situados em três níveis de prestação de cuidados de saúde: Nível 4 (hospitais), Nível 3 (centros de saúde) e Nível 2 (ambulatórios). As unidades de saúde estavam localizadas nos seguintes distritos administrativos: Nyamache, Ogembo, Kenyenya e Sameta. A Tabela 4.1 abaixo descreve os participantes do estudo por tipo/nível de estabelecimento.

O inquérito foi realizado ao nível das instalações e os resultados do estudo foram os seguintes: A maioria dos 46% (n=74) dos inquiridos trabalhava em hospitais. O menor número, 28% (n=42) e 26% (n=44), trabalhava em centros de saúde e ambulatórios, respetivamente. A proporção de centros de cuidados primários foi de 54% (n=86) e 46% (n=74) em hospitais.

QUADRO 4. 1 TIPO DE INSTITUIÇÃO E INQUIRIDOS POR DISTRITO

WARDS	Hospital	Health Centre	Dispensary	Total
Nyamache	19(11.9%)	12(8%)	11(7%)	42(26%)
Ogembo	27(16.9%)	11(7%)	20(13%)	58(36%)
Kenyenya	17(10.6%)	11(7%)	8(5%)	36(23%)
Sameta	11(6.9%)	8(5%)	5(3%)	24(15%)
Total	74(46%)	42(26%)	44(28%)	160(100%)

4.2 Acessibilidade e capacidade de análise dos dados

Dos inquiridos, 66% (n=105) acederam, analisaram e utilizaram a informação, enquanto 34% (n=55) não o fizeram. A maioria dos quadros (23%, n=37) que analisaram os dados e utilizaram a informação eram enfermeiros, 9% (n=14), enquanto os menos (0,6%, n=1) eram radiologistas. Os responsáveis pelos registos e informação em saúde que analisaram e utilizaram a informação foram 6% (n=10). O teste estatístico do qui-quadrado mostrou que não havia uma relação significativa entre os inquiridos que utilizavam a informação e os que não a utilizavam ($x2=7$,1, P-value = 0,791).

QUADRO 4. 2 ACESSIBILIDADE, ANÁLISE E UTILIZAÇÃO DA INFORMAÇÃO

Staff cadre	Yes	No	Total
Nutritionist	5(3.1%)	0(0%)	5(3.1%)
Pharm Tech	2(1.3%)	2(1.3%)	4(2.5%)
Radiographers	1(0.6%)	0(0%)	1(0.6%)
Administrator	1(0.6%)	1(0.6%)	2(1.3%)
Nurse	37(23.1%)	21(13.1%)	58(37.3%)
Clinical Medicine	14(8.8%)	7(4.4%)	21(13.1%)
Health Record	10(6.3%)	2(1.3%)	12(7.5%)
PHO	12(7.5%)	6(3.8%)	18(11.3%)
Counselors	8(5%)	5(3.1%)	13(1.9%)
Data clerks	3(1.9%)	1(0.6%)	4(2.5%)
Doctors	3(1.9%)	2(1.3%)	5(3.1%)
Laboratory Officers	9(5.6%)	8(5%)	17(3.1%)
Total	105(66%)	55(34 %)	160(100%)

4.3 Acessibilidade da informação e das intervenções

A maioria dos profissionais de saúde necessitava de informações sobre surtos de doenças 42% (n=67), taxas de morbilidade 41% (n=57) e taxas de mortalidade 17% (n=27). Relativamente às informações financeiras, apenas necessitavam de 2% (n=3). A maior parte da informação foi utilizada por enfermeiros 35,6% (n=57), clínicos 13% (n=21), funcionários de saúde pública 11% (n=18) e técnicos de laboratório 10,6% (n=17). Os menos susceptíveis de utilizar a informação foram os profissionais das finanças 1,9% (n=3), os radiologistas 0,6% (n=1) e o pessoal administrativo 1,3% (n=2). A acessibilidade da informação para intervenções foi significativamente associada às seguintes categorias de pessoal: Enfermeiros, Clínicos, HPO, Consultores e Laboratórios (ver Tabela 4.5). Por outro lado, os enfermeiros, os responsáveis clínicos, os responsáveis pela saúde pública, os conselheiros e os responsáveis pelos laboratórios utilizaram

Informações que não sejam financeiras, utilizadas apenas pelos administradores.

QUADRO 4. 3 ACESSIBILIDADE DAS INFORMAÇÕES E INTERACÇÕES

staff cadre	Mortality	Morbidity	Disease outbreaks	finances	Total	P- value
Nutritionist	2(1.3%)	3(1.9%)	0(1.9%)	0(0%)	5(3.1%)	0.072
Pharm Tech	0(0%)	1(0.6%)	4(2.5%)	0(0%)	5(3.1%)	0.103
Radiographers	1(0.6%)	0(0%)	0(0%)	0(0%)	1(0.6%)	0.261
Administrator	0(0%)	0(0%)	1(0.6%)	1(0.6%)	2(1.3%)	0.261
Nurse	7(4.4%)	25(15.6%)	25(15.6%)	0(0%)	57(35.6%)	0
Clinical Medicine	3(1.9%)	9(5.6%)	9(5.6%)	0(0%)	21(13.1%)	0
Health Record	4(2.5%)	4(2.5%)	4(2.5%)	0(0%)	12(7.5%)	0.005
PHO	3(1.9%)	4(2.5%)	11(6.9%)	0(0%)	18(11.3%)	0
Counselors	2(1.3%)	6(3.8%)	5(3.1%)	0(0%)	13(8.1%)	0.003
Data clerks	1(0.6%)	2(1.3%)	1(0.6%)	0(0%)	4(2.5%)	0.172
Doctors	0(0%)	3(1.9%)	2(1.3%)	0(0%)	5(3.1%)	0.172
Laboratory Officer	4(2.5%)	8(5%)	5(3.1%)	0(0.6%)	17(10.6%)	0
Total	27(17%)	65(41%)	67(42%)	1(0.6%)	160(100%)	

4.4 Competências informáticas que permitam o acesso à informação

As respostas relativas às competências informáticas totalizaram 36% (n=60) e 64% (n=100). Os

A maioria dos que tinham conhecimentos de informática eram enfermeiros (9,4%, 15). Também eram a maioria 26,9% (n=43) sem competências informáticas. O 1% mais baixo, com ou sem conhecimentos informáticos, era constituído por farmacêuticos e radiologistas. [2]Quando se comparam os que têm e os que não têm conhecimentos informáticos, não se verifica uma correlação significativa (X =10,4, com um valor de P de 0,518).

TABELA 4. 4 COMPETÊNCIAS INFORMÁTICAS DOS INQUIRIDOS

Staff cadre	Yes	No	Total
Nutritionist	2(1.3%)	3(1.9%)	5(3.1%)
Pharm Tech	2(1.3%)	2(1.3%)	4(2.5%)
Radiographers	1(0.6%)	0(0%)	1(0.6%)
Administrator	0(0%)	2(1.3%)	2(1.3%)
Nurse	15(9.4%)	43(26.9%)	58(36.3%)
Clinical Officers	8(5.0%)	13(8.1%)	21(13.1%)
Health Record	10(6.3%)	2(1.3%)	12(7.5%)
PHO	8(2.5%)	10(5.0%)	18(11.3%)
Counselors	4(2.5%)	9(5.6%)	13(8.1%)
Data clerks	3(1.9%)	1(0.6%)	4(2.5%)
Doctors	2(1.3%)	3(1.9%)	5(3.1%)
Laboratory Officers	5(3.1%)	12(7.5%)	17(10.6%)
Total	60(36%)	100(64%)	160(100%)

4.5 Disponibilidade de informação através de sistemas de informação

Os sistemas mais utilizados nas unidades de saúde foram os baseados em papel (57%, n=91) e os híbridos (papel e eletrónico) (43%, n=69). Não havia uma única unidade no sub-distrito que utilizasse um sistema puramente eletrónico. No entanto, os hospitais lideraram a utilização de sistemas em papel e híbridos com 21% (n=33) e 26% (n=41), respetivamente. A percentagem de sistemas baseados em papel foi de 100%, uma vez que todas as unidades sanitárias utilizavam o sistema, no todo ou em parte, desde as farmácias aos hospitais.

QUADRO 4. 5 SISTEMAS PARA A DISPONIBILIDADE DA INFORMAÇÃO

Type of system	Hospital	Health Centre	Dispensary	Total
Paper	33(21%)	27(17%)	31(19%)	91(57%)
Electronic	0(0%)	0(0%)	0(0%)	0(0%)
Hybrid	41(26%)	17(11%)	11(7%)	69(43%)
Total	74(46%)	44(28%)	42(26%)	160(100%)

4.6 O objetivo das informações disponíveis

51% (n=82) das informações obtidas e recolhidas foram transmitidas ao governo, 19% (n=30) para fins de investigação, 11% (n=17) para educação para a saúde e 1% (n=1) sem qualquer finalidade. As três utilizações mais comuns totalizaram 81% (n=129). A utilização efectiva da informação foi de 48,1% (n=77) e a utilização ineficaz foi de 51,9% (n=83). O valor do qui-quadrado indicou que 50% dos profissionais de saúde não utilizaram bem a informação, uma vez que variou entre 0,10 e 0,30, o que foi superior ao nível de significância de 0,05. Os utilizadores mais frequentes da informação foram os enfermeiros, os responsáveis clínicos, os técnicos de registos e informação em saúde, os conselheiros e os técnicos de laboratório.

QUADRO 4.6 OBJECTIVO DAS INFORMAÇÕES DISPONÍVEIS

Staff cadre	Research	Sending to MOH	Decision	Health Education	Detect Trends	Total	P-value
Nutritionist	1(0.6%)	1(0.6%)	1(0.6%)	2(1.3%)	0(0%)	5(3.1%)	0.10
Pharm Tech	1(0.6%)	2(1.3%)	0(0%)	0(0%)	1(0.6%)	4(2.5%)	0.20
Radiographers	0(0%)	1(0.6%)	0(0%)	0(0%)	0(0%)	1(0.6%)	0.30
Administrator	0(0%)	2(1.3%)	0(0%)	0(0%)	0(0%)	2(1.3%)	0.20
Nurse	0(8.1%)	40(16.9%)	6(3.8%)	5(3.1%)	7(4.4%)	58(36.3%)	0.00
Clinical Off	4(2.5%)	13(8.1%)	2(1.3%)	1(0.6%)	1(0.6%)	21(13.1%)	0.00
Health Records	4(2.5%)	6(3.8%)	1(0.6%)	1(0.6%)	0(0%)	12(7.5%)	0.00
PHO	2(1.3%)	9(5.6%)	1(0.6%)	3(1.9%)	3(1.9%)	18(11.3%)	0.00
Counselors	2(1.3%)	6(3.8%)	1(0.6%)	2(1.3%)	2(1.3%)	13(8.1%)	0.00
Data clerks	0(0%)	3(1.9%)	1(0.6%)	0(0%)	0(0%)	4(2.5%)	0.10
Doctors	0(0%)	5(3.1%)	0(0%)	0(0%)	0(0%0	5(3.1%)	0.10
Lab Officers	3(1.9%)	7(4.4%)	1(0.6%)	2(1.3%)	4(2.5%)	17(10.6%)	0.00
Total	30(18.8%)	82(51.3%)	14(8.8%)	16(10%)	18(11.3%)	160(100%)	

4.7 Disponibilidade de ferramentas de informação sobre saúde

A maior parte dos inquiridos, 78% (n=125), sentiu falta de ferramentas de dados, enquanto uma pequena parte, 22% (n=35), não sentiu falta. O valor de p do qui-quadrado foi de 0,219, o que significa que não houve associação entre os inquiridos que registaram uma deficiência e os que não registaram.

QUADRO 4. 7 DISPONIBILIDADE DE INSTRUMENTOS DE INFORMAÇÃO SOBRE SAÚDE

Staff cadre	Yes	No	Total
Nutritionist	2(1.3%)	3(1.9%)	5(3.1%)
Pharm Tech	3(1.9%)	2(1.3%	5(3.1%)
Radiographers	1(0.6%)	0(0%)	1(0.6%)
Administrator	2(1.3%)	0(0%)	2(1.3%)
Nurse	50(31.3%)	7(4.4%)	57(35.6%)
Clinical Medicine	16(10%)	5(3.1%)	21(13.1%)
Health Record	10(6.3%)	2(1.3%	12(7.5%)
PHO	15(9.4%)	3(1.9%)	18(11.3%)
Counselors	10(6.3%)	3(1.9%)	13(8.1%)
Data clerks	2(1.9%)	2(1.3%)	4(2.5%)
Doctors	3(1.9%)	2(1.3%)	5(3.1%)
Lab Officers	11(6.9%)	6(3.8%)	17(10.6%)
Total	125(78.1%)	35(21.9%)	160(100%)

Diretrizes m & e frame

O quadro mostra que as diretrizes e o quadro não estavam disponíveis. As respostas para "Não" foram de 100% e para "Sim" de 0% (nenhum) dos inquiridos. O teste do qui-quadrado resultou num valor p de 0,412, que não é significativo ao nível de 5%. Não se verificou uma correlação significativa entre a disponibilidade do quadro de acompanhamento e avaliação e da diretriz e a não disponibilidade.

QUADRO 4.8 DISPONIBILIDADE DE DIRECTRIZES E QUADRO DE I&D

REPONDENTS	Yes	No
Nutritionist	0(0%)	5(3%)
Pharm Tech	0(0%)	5(3%)
Radiographers	0(0%)	1(1%)
Administrator	0(0%)	2(1%)
Nurse	0(0%)	57(36%)
Clinical Medicine	0(0%)	21(13%)
Health Record	0(0%)	12(8%)
PHO	0(0%)	18(11%)
Counselors	0(0%)	13(8%)
Data clerks	0(0%)	4(3%)
Doctors	0(0%)	5(3%)
Laboratory Officers	0(0%)	17(11%)
Total	0(0%)	160(100)

CAPÍTULO 5
DISCUSSÃO

5.1 . INTRODUÇÃO

O estudo concluiu que a maioria dos profissionais de saúde que gerem a informação não são profissionais. Estas conclusões são coerentes com os resultados do estudo de caso de Vanuatu. O pessoal do sistema de saúde responsável pela recolha e análise de dados foi subestimado, não qualificado e com falta de pessoal. Os sistemas de informação sobre saúde em muitos países de baixo e médio rendimento tendem a ser "ricos em dados" mas "pobres em informação" devido a competências analíticas inadequadas.

5.2 ACESSIBILIDADE E UTILIZAÇÃO DA INFORMAÇÃO SOBRE SAÚDE

Verificou-se que os baixos níveis de conhecimento e de utilização de computadores impediam o acesso fácil à informação. O acesso deficiente e a inacessibilidade da informação sobre saúde devem-se à falta de tecnologia informática e de ligação à Internet. O governo liderou o acesso, o processamento e a utilização da informação sobre saúde. O estudo concluiu também que a maioria dos prestadores de serviços gerava informação, mas utilizava-a muito pouco.

5.3 CONHECIMENTOS SOBRE INFORMAÇÕES DE SAÚDE

O estudo concluiu que mais de 60% dos trabalhadores do sector da saúde não têm conhecimentos informáticos e que a maioria das instalações não utiliza a tecnologia ou os conhecimentos informáticos, sem os quais não se pode ir longe como gestor de informação de saúde (McGraw).

5.4 DISPONIBILIDADE DE INFORMAÇÃO SOBRE SAÚDE

O valor P do qui-quadrado mostrou que 50% dos profissionais de saúde não utilizaram informações entre 0,10 e 0,30, o que ultrapassou o nível de significância de 5%. Este facto foi consistente com os resultados do estudo em Gaborone, onde foi utilizado um nível de informação mais elevado.
mais informações do que nos níveis inferiores.

5.5 QUALIDADE DA INFORMAÇÃO SOBRE SAÚDE

Verificou-se também que nenhum dos estabelecimentos do sub-condado utilizava um sistema puramente eletrónico, o que resultava numa fraca qualidade dos dados. O estudo, intitulado "Utilização das tecnologias da informação na gestão da informação sanitária", mostrou que a utilização das tecnologias da informação foi desenvolvida em vários sectores, mas não no domínio da informação sanitária.

CAPÍTULO 6
CONCLUSÕES E RECOMENDAÇÕES

1 .1 Conclusão

1.1.1 ACESSIBILIDADE

Os profissionais de saúde do sub-condado de Gucha não tinham acesso adequado (11%) a dados e informações sobre cuidados de saúde e não os utilizavam, enquanto geravam 44%. O governo gerou 18% mas utilizou 81%. A maioria dos profissionais de saúde que lidavam com a informação não tinha qualificações profissionais (90%) em gestão da informação sanitária e, por conseguinte, era incompetente no acesso, recolha, análise e utilização da informação.

1.1.2 CONHECIMENTO

Em Gucha, 64% dos profissionais de saúde tinham poucas competências em matéria de gestão e utilização da informação sanitária, enquanto 36% tinham competências em matéria de gestão dos sistemas de informação sanitária. 64% tinham competências em tecnologia informática, 5% tinham competências em análise e 12% tinham competências em gestão de software.

1.1.3 DISPONIBILIDADE

A informação disponível era insuficiente, uma vez que 0% dos estabelecimentos utilizavam um sistema puramente eletrónico devido à inadequação das infra-estruturas TIC e da informatização. Isto levou a que 57% utilizassem um sistema de informação sanitária em papel e 43% um sistema híbrido, o que afectou a disponibilidade de dados e informações. Por exemplo, 78% dos estabelecimentos referiram que não dispunham de ferramentas de dados em stock.

6 . 1.4 QUALIDADE

A qualidade dos dados e das informações disponíveis para utilização era fraca, uma vez que não existia um sistema de informação eletrónico, uma política de informação sobre saúde, normas, orientações, um quadro de acompanhamento e avaliação, um plano estratégico ou um quadro jurídico para a produção, o armazenamento e a utilização.

6.2 RECOMENDAÇÕES

6.2.1 Recrutar e colocar mais profissionais da informática no domínio da saúde para gerir a informação sobre saúde/

um sistema de informação sobre saúde que permita a cada profissional de saúde trabalhar profissionalmente na sua especialidade.

6.2.2 Formação de profissionais de saúde na utilização de tecnologia informática e de ferramentas de dados para gerar, recolher e analisar dados para informação

6.2.3 3 Estabelecer sistemas electrónicos nas unidades de saúde do sub-condado. Estabelecer uma cultura de utilização da informação no planeamento, na tomada de decisões e na implementação de intervenções por parte dos profissionais de saúde ao nível das instalações.

6.2.4 Fornecimento de ferramentas, políticas, diretrizes, normas, quadros de monitorização e avaliação e quadros jurídicos para os dados relativos à saúde.

6.3 INVESTIGAÇÃO SUPLEMENTAR

Deveria ser realizado um estudo semelhante noutros condados ou sub-condados para determinar as diferenças ou semelhanças na utilização da informação sobre saúde e na compreensão das caraterísticas da informação gerada pelos profissionais de saúde.

REFERÊNCIAS

Abou-Zahr C, e Boerma T, (2005); Sistemas de informação sobre saúde: os fundamentos da saúde pública Boletim da Organização Mundial de Saúde 578-583

Adam T, Hsu J, de Saving D, Lavis JN, Rottingen JA, Bennett S,(2012); evaluating health systems strengthening interventions in low- and middle-income countries: Are we asking the right questions? Política e Planeamento da Saúde, 27(Suplemento 4):iv9-iv19

AbouZahr C e Boerma T (2005). Sistemas de informação sobre saúde: os fundamentos da saúde pública. Boletim da Organização Mundial de Saúde 83:578-583. www.who.int/ bulletin/volumes/83/8/abouzahrabstract0805/en/index. Html (acedido em 25 de janeiro de 2010).

Ajuwon, G, & Rhine L, (2008). Internet access and ICT training for health professionals in sub-Saharan Africa (Acesso à Internet e formação em TIC para profissionais de saúde na África Subsariana). Journal of Health Information and Libraries 25 pp. 175-185

Alireza Panahi, Grant M. Young, Robert H. Rainbird (2000) Geochimica e.t.e. Cosmochimica Ata, vol. 64, pp. 2199-2220

Alejandro R et al, (1998) Cell phones, a much-needed service in the developing world". Invisible Computing, no. outubro, pp. 97-99, 2009.

Annunobi, C, (2008); The role of academic librarians in providing universal access to print and electronic resources in developing countries, Library Philosophy and Practice: p. 89

Aqil A, Lippeveld T, Hozumi D, (2009); PRISM framework: a paradigm shift for designing, strengthening and evaluating routine health information systems. Política e Planeamento da Saúde:
1-12

Ballou, D., Chengalur-Smith, Wang, R.Y., (2009). Estimativa de qualidade baseada em amostras de resultados de consultas em ambientes de bases de dados relacionais. IEEE Transactions on Knowledge and Data Engineering 639-650

Batt K, Fox-Rushby JA, Castillo-Riquelme M (2004) the costs, effects and cost-effectiveness of strategies to increase coverage of routine immunisations in low- and middle-income countries: Systematic review of the grey literature, Bulletin of the World Health Organization, 82(9): 689-696.

Braa, J., Monteiro, E., & Sahay, S. (2004). Redes de ação: Saúde sustentável Sistemas de informação nos países em desenvolvimento. MIS Quarterly, 28, 337-362.

C. Abouzahr e T. Boerma (2005), "Policy and Practice Health information systems : the foundations of public health", Boletim da Organização Mundial de Saúde, vol. 14951, n.º 4, pp. 578-583.

Camporesi S: Tomada de decisões melhores e mais "saudáveis" através da tecnologia da informação:
Relatório da conferência Health 2.0, realizada em São Francisco, em setembro de 2011.

Fundação Canadiana de Investigação dos Serviços de Saúde (2004); What Matters? Interpretar a tomada de decisões baseada em provas para a gestão e a política. thRelatório sobre o 6 CHSRF workshop anual por convite Vancouver, British Columbia. março de 2011

Castells, M., Lupiáñez, F., Saigí, F. e Sánchez, J. (2007) E-Health and Society: A Estudo empírico sobre a Catalunha - Resumo do relatório final de investigação, Catalan Internet
Projeto, UOC e Generalitat de Catalunya, Barcelona.

CHRD-Comissão de Investigação em Saúde para o Desenvolvimento (2010); Health Research: Essential link to equity in development, XVII, XVIII.

Departamento de Engenharia e Gestão Industrial, Espo (2008); Towards holistic information management in service networks: Serviços telefónicos de segurança para idosos 31-36

Duffy MR, Chen TH, Hancock W, et al. (2009); Surto de vírus na ilha de Yap
Eerola, A. e Väyrynen, E (2010); Desenvolvimento de métodos de prospetiva e avaliação tecnológica baseados na experiência europeia; em finlandês) VTT research notes no 2174

EHealth IMPACT (2009); Study on Economic Impact of eHealth: Developing an evidencebased context-adaptive method of evaluation for eHealth - Final summary project report", D6 Final Report ext.pdf (acedido em 15 de abril de 2009)

Evans, Barbara J, (2011); "Much ado about data ownership Harvard Journal of Law and Technology. A capacidade de aceder a dados provenientes de fontes controladas pelo paciente, como os registos de saúde pessoais, ou de fontes fornecidas pelo paciente pode ser mais diretamente afetada pelas leis de propriedade 79-84

Federal Support for Health Information Technology in Medicaid (2012); "Key Provisions in the American Recovery and Reinvestment Act," Kaiser Family Foundation; http://www.kff.org/medicaid.
Hersh W, (2010); 'Health care information technology: advances and barriers', Journal of the American Medical Association292 (18)2273-2274
Heywood, e T. Fax, "Developing Health Information Systems in Developing Countries: The flexible standards strategy", MIS Quarterly, vol. 31, n.º 2, pp. 381-402, 2007

HHS.gov/Recovery Information Technology :(IT (2010); Lei Americana de Reinvestimento e Recuperação, a lei HITECH, HIPAA e PPACA. The Washington Post, 16 de maio de 2009

IMA (2010); "e-HIM Practice Transformation (Updated); Journal of AHIMA, disponível online no AHIMA Body of Knowledge: em www.ahima.org.

IMPACT (2009); estudo de projeto apoiado pela Direção Sociedade da Informação e Média da Comissão Europeia, Infra-estruturas e registos de saúde electrónicos 83

Jones T, (2008); "National infrastructure for eHealth: Considerations for decision support", Studies in Health Technology and Informatics 2013; 32:64
Sistema de Informação sobre Saúde (HIS) Quénia, 2011

H S R P- Serviços de Saúde e Humanos (HHS) e o Gabinete de Ciência e Tecnologia Política (H S P, 2011); Utilização de sistemas de registo de dados electrónicos.2011

Landry R, Amara N, Pablos-Mendes A et al (2009). A cadeia de valor do conhecimento: um quadro concetual para a tradução do conhecimento nos cuidados de saúde. Boletim da Organização Mundial de Saúde63:191-204
Landry R, Amara N, Pablos-Mendes A et al (2010); a cadeia de valor do conhecimento: um quadro concetual para a tradução do conhecimento nos cuidados de saúde. Boletim da Organização Mundial de Saúde 491-505

Larsson EC, Atkins S, Chopra M, Ekstrom A, (2009): E o reforço dos sistemas de saúde e a fuga interna de cérebros? 534-535

Masys D, (2008); Impacto das tecnologias da informação actuais e futuras na força de trabalho dos cuidados de saúde. The Policy Journal Health 33-41

Melkas, H. Para uma gestão holística da informação em redes de serviços: Serviços telefónicos de segurança para idosos. Dissertação. Universidade de Tecnologia de Helsínquia, Departamento de Engenharia Industrial, Espo2008. Também disponível em http://lib.hut.fi/Diss.

McConnell, H :(2010); "International efforts to implement national health information

641-649

McGraw-Hill, Kathleen M, Eichenwald, Shirley (2012); American Health Information Management 1477-1479
Middleton B, Hammond W, Brennan P e Cooper, G, (2011); "accelerating US HER Pressuposto: Como chegar lá a partir daqui. Recomendações baseadas no ACMI 2011
Retreat", Journal of the American Medical Association 132-139
Middleton B, (2011); "Evaluating the value of information technology in healthcare: Finding the diamond in the rough, and tumble 969-979
Miller, R. H. e Sim, I (2010); "Physicians' use of electronic medical records: Barriers e soluções", Health Affairs 976-983
Miller R, Hillman J, e Given R, (2010); "Physician use of IT: Results of the Deloitte study
Research Survey", J Health Inf Manag 163S-197S
Ministério da Saúde (2012); Plano Estratégico do SIS 2010-2030
Ministério da Saúde, Quénia (2012); Relatório Anual
Ministério da Saúde, Quénia (2010); Software de Informação Sanitária Distrital
Ministério da Saúde, Quénia (2010); KIS-POLITIK, 2010-2030

Muyepa, A. HIMS in Malawi: Achievements, Challenges and the Way Forward. No Primeiro Workshop Internacional, Mpekweni, África do Sul, 9-12 de outubro de 2006: 14.

Nevo, D. e Y. Chan (2007). Um estudo Delphi sobre sistemas de gestão do conhecimento:
Âmbito e requisitos. Informação e Gestão. 44(6), 583-597.

Panahi A. Management Information Systems. Azarakhsh Press, Teerão, 2000: 22-24[persa].

Peersman G, Rugg D, Erkkola T, Kiwango E, Yang J,(2009); Are the investments in

Os sistemas nacionais de monitorização e avaliação do VIH compensam? 87-96

Pierce E, Kahn, B. e Melkas H, (2011); "A comparison of quality issues for data, information, and knowledge", em Khosrow-Pour, M. (ed.), Emerging Trends and Challenges in Information Technology Management 778-792

Pierce E, Kahn B, e Melkas H, (2008); "A comparison of quality issues for data, information and knowledge" 410-423

Pierce, E., Kahn, B. e Melkas, H. (2011); "A comparison of quality issues for data, Informação e conhecimentopp21-24

PPHSN - O Boletim da Rede de Vigilância Sanitária do Pacífico (PPHSN), produzido pelo Secretariado da Comunidade do Pacífico (SPC) - © Copyright SPC, 2010

Protti D, Edworthy S, e Johansen I, (2007); "Introduction of Information Technology in
Primary Care Practices in Alberta and Denmark", Healthcare Quarterly 95-102

Scott JT, Rundall TG, Vogt TM, Hsu J. A experiência da Kaiser Permanente com Introdução de um registo eletrónico do doente: um estudo qualitativo. BMJ. 2005; 331:1313- 6.

Shekelle P, Morton S, e Keeler E, (2011); "Costs and benefits of health information Technology", Evid Rep Technol Assess (Full Rep.) 1-71

Shortliffe E, (2011); "Strategic action in health information technology: why the obvious
demorou tanto tempo", Health Affairs155-156

Stroetmann K, JonesT, Dobrev A, e Streetman V (2008); 'eHealth is Worth it? The. Benefícios económicos das soluções de saúde em linha em dez locais europeuspp153-160

Stroetmann, K. A., Jones, T., Dobrev, A. e Stroetmann, V. (2008) "Health is worth it? Amesterdão, Holanda. 153-160

A Comissão sobre Investigação em Saúde para o Desenvolvimento (2010); Investigação em Saúde: Essencial
Ligação para Equidade no Desenvolvimento http://www.cohred.org/ (acedido em 7 de agosto de 2010)

Trivedi M, & Joshi A, (2008); Utilização do computador e da Internet pelos profissionais de saúde em

uma faculdade de medicina rural na Índia 1-4

Grupo de Trabalho das Nações Unidas para os ODM sobre Saúde Materna e Infantil (2010); who's got the power?
Transformar os sistemas de saúde a favor das mulheres e das crianças 211-214
Trivedi, Mayank (2008); Bibliotecas digitais ... Tecnologia da informação na área da saúde;
Biblioteca; Colecções de museus; Desenvolvimento de colecções; Gestão de bibliotecas 54-67

UNICEF, OMS (2008); Banco Mundial e Divisão da População da ONU, "Levels and Trends of Child Mortality in: Estimativas desenvolvidas pelo Grupo Inter-agências para a Mortalidade Infantil
Mortalidade estimada 444

UNICEF, OMS, Banco Mundial, ONU, População (2008), "Levels and Trends of Child Mortalidade em 2008: Estimativas do grupo interinstitucional para a estimativa da mortalidade infantil p. 931-933
Maney W & Son Ltd (2010); Journal of Management and Marketing in Healthcare pp. 21-27
Wang R, Lee Y, Pipino, L e Strong D, (2011); Manage Your Information as a Product (Gerir a sua informação como um produto) 103-110
OMS (2008); Strengthening the monitoring of progress towards the health-related MDGs in the African region. Relatório para a reunião dos Diretores Regionais da HHA, Nairobi, 11-14 de novembro,
Organização Mundial de Saúde (2008): Reforçar os sistemas de saúde para melhorar os resultados no domínio da saúde: O Quadro de Ação da OMS 228
R. E. Cibulskis e G. Hiawalyer, "Information systems for health sector monitoring in Papua New Guinea", Bulletin of the World Health Organisation, vol. 80, n.º 9, p. 7528, Jan. 2002.

OMS (Organização Mundial de Saúde) (2007). Strengthening of health information dsystems, Relatório do Secretariado, OMS (Sexagésima Assembleia Mundial da Saúde), Genebra. http:// apps.who.int/gb/ebwha/pdf_files/WHA60/A60_22-en. Pdf (acedido em 20 de janeiro de 2010).

OMS (Organização Mundial de Saúde) (2008). Quadro e normas para a saúde dos países

Information Systems, 2ª edição, OMS (Health Metrics Network), Genebra.

www.who.int/healthmetrics/documents/hmn_ framework200803.pdf (acedido em 15. janeiro de 2010).

OMS (Organização Mundial de Saúde) (2009a). "Infra-estruturas" de saúde pública.

www.who.int/trade/distance_learning/ gpgh/gpgh6/en/index1.html (acedido em: 20 janeiro de 2010).

OMS (Organização Mundial de Saúde) (2009b). Monitorização passo a passo.

ww.who.int/chp/steps/en/ (acedido em 20 de janeiro de 2010).

WPRO (Gabinete Regional da Organização Mundial de Saúde para o Pacífico Ocidental) (2002).

Relatório do Diretor Regional 2001-2002.

www.wpro.who.int/regional_director/regional_ relatório dos diretores/en/report_2002.htm

(acedido em 9 de janeiro de 2010).

MADNICK, S.E., AND ZHU, H. 2006. improving data quality through the effective use of

Semântica de dados. Tecnologia dos dados e do conhecimento 59, 2, 460-475

KERR, K. 2006: A institucionalização da qualidade dos dados no sistema de saúde da Nova Zelândia

Setor. Dissertação, Universidade de Auckland, Nova Zelândia.

Heinrich, B., Klier, M., and Kaiser M. a Procedure to Develop Metrics for Currency and its Application in CRM, 2009, ACM Journal of Data and Information Quality, 1. 1, 5/1-5/28.

Fórum Mundial para a Investigação em Saúde (2008). Código de conduta para a recolha,

Analisar e partilhar dados de investigação relacionados com a saúde nos países em desenvolvimento: Bem-vindo

Reunião do Trust e da HMN, Bamako, Mali. Www.casimir. org.uk/storyfiles/64.0.data

sharing code bamako.pdf (acedido em 9 de janeiro de 2010).

Organização Mundial de Saúde (2008); Health Metrics Network Framework and

Normas para os sistemas de informação sanitária dos estados federais

Organização Mundial de Saúde, Gabinete Regional para África (2008); Priority interventions for strengthening national health information systems, Comité Regional da OMS para África, 54ª sessão, junho de 2004 1-8

Organização Mundial de Saúde, Gabinete Regional para África (2012); Investigação no domínio da saúde:

Agenda para a Região Africana da OMS. 18-23

Organização Mundial de Saúde (2008); (Uma Agenda Global de Saúde, 11º Programa Geral de Trabalho (2006-2015) 213

Organização Mundial de Saúde (2008); Framework and standards for country health information systems, Segunda edição. 8

Organização Mundial de Saúde (2008); Gabinete Regional de Investigação em Saúde em África:
Agenda para a Região Africana da OMS. 1-43

Organização Mundial de Saúde (2008); Gabinete Regional para África Acções prioritárias para reforçar os sistemas nacionais de informação sobre saúde.56-65

APÊNDICE 1

DECLARAÇÃO DE CONSENTIMENTO APÓS O AVISO DE RECEPÇÃO

O meu nome é Wilfred Obwaya Obwocha e sou estudante de mestrado na Universidade de Ciência e Tecnologia Jaramogi Oginga Odinga. Solicito a sua participação neste estudo de investigação.

OBJECTIVO DO ESTUDO

O objetivo deste estudo é avaliar a utilização da informação sobre saúde pelos profissionais de saúde no distrito de Gucha, no condado de Kisii. Participarão no estudo cerca de 175 profissionais de saúde de 52 estabelecimentos de saúde do distrito de Gucha. A sua participação neste estudo ajudará a melhorar a utilização da informação sobre saúde para aumentar a eficiência e a eficácia dos serviços de saúde no distrito.

PROCEDIMENTO DE ESTUDO

A participação neste estudo é voluntária. É livre de não participar neste estudo ou de abandonar o estudo em qualquer altura. A retirada do estudo não resultará em qualquer penalização ou perda. Não existe qualquer forma de recompensa pela participação neste estudo. Se estiver de acordo com a sua participação neste estudo, confirme a sua participação assinando as declarações abaixo:

Sim, gostaria de participar neste estudo

data

APÊNDICE 2

CALENDÁRIO DE ENTREVISTAS
NOME DO SERVIÇO..............................

CADERNO DE PESSOAL-..................................
NÚMERO DE SÉRIE DO FORMULÁRIO......................
(Assinale todas as opções aplicáveis entre parênteses)

INFORMAÇÕES DOS ENTREVISTADOS

1. Género Masculino [ ] Feminino [ ]
2. Indique o seu nível de ensino mais elevado: Escola primária [ ] Escola secundária [ ] Universidade
   [ ] Universidade
3. Indique a sua especialidade? Medicina [ ] Enfermagem [ ] Medicina clínica [ ] Informação no domínio da saúde [ ] Administração no domínio da saúde [ ] Gestão de dados [ ]

   Laboratório [ ] Saúde pública [ ] Aconselhamento [ ] Farmácia [ ] Nutrição [ ]
4. Há quanto tempo está ao serviço? Menos de 2 anos [ ] Mais de 2 anos [ ]
5. A gestão de dados/informação é uma das suas tarefas? Sim [ ] Não [ ]
6. Qual é o tipo de instalação da sua organização? Ambulatório [ ] Centro de saúde [ ] Hospital [ ]

ACESSIBILIDADE DA INFORMAÇÃO SOBRE SAÚDE

1. Que sistemas de informação existem nesta organização? [ ] Papel [ ] Eletrónico [ ] Híbrido
2. Como é que tem acesso às informações de saúde? [ ] com palavra-passe e nome de utilizador [ ] as informações estão na minha posse [ ] peço autorização [ ] estou autorizado
3. Onde é que a informação é armazenada na sua organização? [ ] Computadores [ ] Prateleiras [ ] Armários
4. Tem acesso ao DHIS Sim [ ] Não [ ]

CONHECIMENTOS SOBRE A UTILIZAÇÃO DA INFORMAÇÃO SOBRE SAÚDE

1. Que cursos de formação sobre sistemas de informação no domínio da saúde realizou? [Formação em ferramentas

   [ ] Formação em análises [ ] Formação em software] Parceiro [ ] nenhum
2. Analisa, interpreta e utiliza frequentemente os dados que gera para melhorar os cuidados de saúde na sua instituição? [ ] Sim [ ] Não [ ] Não sei
3. Que decisões toma normalmente de forma informada [ ] Fornecimento de bens [ ] Utilização de pessoal de saúde [ ] Equidade na afetação de recursos [ ] Educação sanitária [ ] Tratamento de doentes [ ] Afetação de recursos [ ] Realização de indicadores [ ] Nenhuma decisão [ ]
4. Que área do seu sistema de saúde se tornou mais eficiente graças à utilização da

informação sobre saúde? [ ] Pessoal [ ] Fornecimento de bens [ ] Infra-estruturas [ ] Prevenção de doenças

5. Que fóruns existem para o intercâmbio de dados? [Reuniões de revisão [ ] Reuniões de desempenho [ ] Fóruns das partes interessadas

DISPONIBILIDADE DE INFORMAÇÃO SOBRE SAÚDE

1. Quem cria a informação na sua organização de saúde? O prestador de serviços [ ] o governo [ ] o parceiro [ ] não sabe

2. De que informações necessita para melhorar a eficiência e a eficácia dos cuidados de saúde? [ ] relacionadas com os doentes [ ] relacionadas com as finanças [ ] com o controlo das doenças [ ] relacionadas com a população
3. Para que é que utiliza a informação que gera? Investigação [ ] Planeamento [ ] Tomada de decisões/políticas [ ] Educação para a saúde [ ] Reconhecimento de tendências [ ] Transmissão ao Ministério da Saúde [ ] De modo algum

4. Quem são os utilizadores da informação gerada? Prestadores de serviços [ ] o governo [ ] parceiros [ ] prestadores de serviços [ ] não sabe [ ]

5. De onde obtêm os vossos dados? DHIS [ ] Ficheiros do estabelecimento [ ] Base de dados EMR [ ]

QUALIDADE DA INFORMAÇÃO

1. Com que frequência partilha dados ou dá feedback**?** Mensalmente [ ] trimestralmente [ ] anualmente [ ] de modo nenhum
2. Como é que divulgam a informação sobre a vossa organização**?** Cartazes [ ] Avisos [ ] Quadros de aviso [ ] Outdoors [ ] Publicações [ ] Sítios Web [ ] Relatórios [ ] Boletins informativos [ ] Reuniões [ ] De modo nenhum

3. Em que fórum troca informações com os seus colegas? Em reuniões dos responsáveis [ ] Reuniões de avaliação [ ] Fórum das partes interessadas [ ] Reuniões na organização [ ] De modo nenhum

4. Como é que assegura a qualidade dos dados/informação na organização? [ ] através do intercâmbio com outros [ ] efectuando DQAs [ ] conduzindo tutorias [ ] conduzindo supervisão [ ] conduzindo OJTs [ ] não fazendo nada

5. Tem conhecimentos de informática? [ ] Sim [ ] Não
6. Dispõe de diretrizes de funcionamento normalizadas para o **SIS?** Sim [ ] Não [ ]
7. Existem estrangulamentos frequentes com os dispositivos de dados na sua organização? Sim [ ] Não [ ]
8. A sua organização dispõe de um quadro para o controlo e a avaliação**?** [ ] Sim [ ] Não [ ] Não sei

ANEXO 3

OFFICE OF THE DIRECTOR OF GRADUATE STUDIES
AND RESEARCH
UNIVERSITY OF EASTERN AFRICA, BARATON
P.O Box 2500-30100, Eldoret, Kenya, East Africa

---

23 October, 2015

Wilfred O. Obwocha
School of Health Sciences
Jaramogi Oginga Odinga University of Science & Technology

Dear Wilfred,

Re: ETHICS CLEARANCE FOR THESIS PROPOSAL (REC: UEAB/15/10/2015)

Your thesis proposal entitled *"Utilization of Health; Information among Healthcare workers in Gucha sub-county, Kisii County, Kenya"* was discussed by the Research Ethics Committe (REC) of the University and your request for ethics clearance was granted approval.

This approval is for one year effective 23rd October, 2015 till 23rd October, 2016. For any extension beyond this period, you will need to apply to this committee one month prior to the expiry date.

We wish you success in your research.

Sincerely Yours,

Jackie K Obey

23 OCT 2015

Dr. Jackie Kpeinzeh Obey
Chairperson, Research Ethics Committee

A SEVENTH-DAY INSTITUTION OF HIGHER LEARNING
CHARTERED 1991

Índice

MIX
Papier aus verantwortungsvollen Quellen
Paper from responsible sources
FSC® C105338

Printed by Books on Demand GmbH, Norderstedt / Germany